Abenteuer
ESKAPADEN
AUSZEIT
AUSGLEICH
Wochenende
LÄCHELN
STADT.LAND.
FLUSS.
LEICHTIG-
KEIT
FREE
ERLEBEN
GRÜN
Wege
Lebensfreude
NATUR
GLÜCK
von Sinja Stiefel

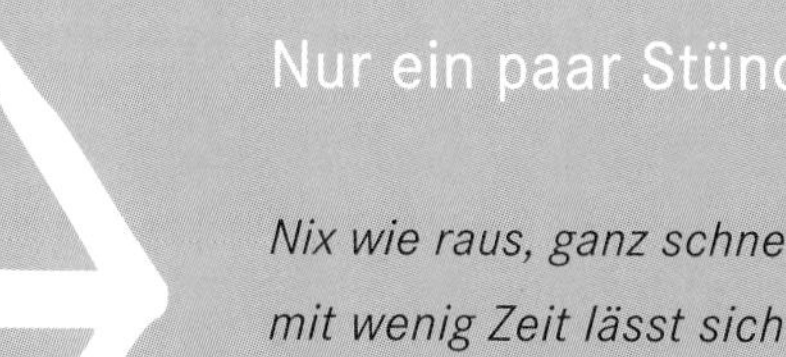

Nur ein paar Stündchen

Nix wie raus, ganz schnell ins Grüne. Auch mit wenig Zeit lässt sich Großartiges erleben. Kleine und große Abenteuer warten direkt vor der Haustür.

4H

Raus für einen Tag

Man muss nicht das Land verlassen, um neue Welten zu entdecken. Einfach mal einen Tag lang raus aus dem Alltagsallerlei und rein in die Natur.

12H

Ferien für ein (langes) Wochenende

Warum auf die große Auszeit warten, wenn man einen Miniurlaub in der Nähe machen kann? Vergnügen, Abenteuer und Wohlgefühl kompakt und intensiv.

36H

LIEBE LESERIN, LIEBER LESER,

mit Oberschwaben ist es ein bisschen wie mit der Liebe auf den zweiten Blick. Gelegen zwischen touristischen Hotspots wie der Schwäbischen Alb, dem Bodensee und dem Allgäu, gerät die Region manchmal schon fast in Vergessenheit. Wer sich aber erst einmal in die sattgrüne Hügellandschaft, das tolle Alpenpanorama, die mystischen Moore, wogenden Weiher und goldstrotzenden Klöster der Region verguckt hat, will nie wieder woanders hin.
Tiefe Ruhe, menschenleere Pfade und unberührte Natur, aber auch quirlige Städte, schicke Schlösser und kuschlige Iglus: Das alles findet man hier, in einer der wirtschaftlich stärksten Regionen Deutschlands – und auf den nächsten Seiten.

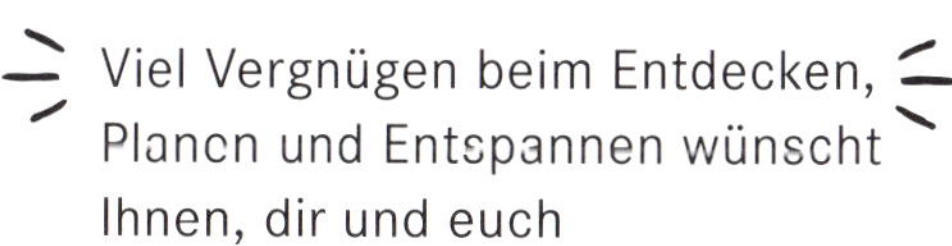

Viel Vergnügen beim Entdecken, Planen und Entspannen wünscht Ihnen, dir und euch

Sinja Stiefel

PS: Informationen zum GPX-Download gibt's auf Seite 224.

AUSZEIT.
ABENTEUER.
LEBENSFREUDE.

1. KAPITEL ABSTECHER

Nur ein paar Stündchen

Picknickkorb füllen, Badesachen packen, Wanderschuhe schnüren und nahegelegene Naturwunder anpeilen – auf zu kleinen Rauszeiten aus dem Alltag.

DEN FRÜHLING IM BLICK

... in Sipplingen am Bodensee 

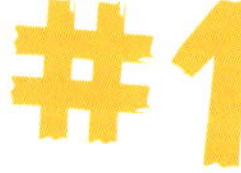

Wenn die Tage länger werden und die Sonne den Winter vertreibt, hüllen sich die Obstbäume am Ufer des Bodensees in ihr schönstes Kleid. Die perfekte Zeit, um selbst mal wieder das kuschelige Sofa zu verlassen und die Outdoorjacke überzustreifen. Draußen wartet der Frühling.

#Blütentraum #denSeesehen #Saisonauftakt #Rauszeit

Blütenmeer trifft Schwäbisches Meer: Der Frühling ist eine magische Zeit am Bodensee.

→ ABSTECHER ...

In Japan feiert man mit einem Picknick unterm rosa Kirschbaum. In den Niederlanden geht's ab ins Tulpenfeld. Und in Oberschwaben flaniert man durch blühende Obsthaine, um den Frühling gebührend zu begrüßen. Dank des milden Klimas blühen die Bäume nahe des Bodenseeufers besonders früh im Jahr. Die ersten Wiesen und Bäume in voller Blüte locken bereits wenige Meter vom Ortskern Sipplingens entfernt. Schnell die Wanderschuhe schnüren und noch einmal tief durchatmen, denn das erste Stückchen bergauf, bis zum Landhaus Sternen, geht gleich mal gut in die Beine. Doch wer die beste Aussicht will, muss nun mal rauf auf den Berg. Da ist nichts zu machen. Überhaupt, diejenigen, die gerade wirklich hart arbeiten, sind die fleißig summenden Bienen und Erd-Hummeln.

Angelockt von der weiß-rosa Pracht, schweben sie unermüdlich von Blüte zu Blüte. Als unerlässliche Bestäuber sorgen sie so für eine hoffentlich reiche Apfelernte.

Der Weg fließt nun eine Weile gemütlich durch die Streuobstwiesenlandschaft, bevor er sich,

immer den Schildern nach, weiter bergauf in Richtung Haldenhof zieht. Auf den ersten Blick wirken die rot gestrichenen Holzscheunen rund um das Gasthaus wie einem schnulzigen Heimatfilm entsprungen. Doch der ganz große Kitschmoment kommt erst noch: Von hier oben eröffnet sich einem ein grandioser

---

Hin & weg: Vom Bahnhof Sipplingen aus sind es 10 Min. zu Fuß bis zum Startpunkt der Tour am Parkplatz P1 West.

Beste Zeit: Spätestens Ende April stehen die Obstbäume in voller Blüte. An sonnigen Tagen ist die Aussicht am schönsten.

Dauer & Strecke: Für die gesamte Strecke von 8 km sollte man um die 3–4 Std. einplanen.

Ausrüstung: Feste Schuhe und ein paar Münzen fürs Eis im Höhengasthaus Haldenhof (www.gasthaus-haldenhof.de).

Noch Kraft in den Beinen? Der 270 Kilometer lange Bodenseerundweg führt einmal um den ganzen See herum.

Ausblick auf das Bodenseepanorama, samt schneebedeckter Alpen im Hintergrund. Einfach nur wow! Auch wenn es schwerfällt, sich von dieser fabelhaften Aussicht zu trennen, geht's irgendwann dann doch wieder weiter – gemütlich bergab, auf schmalen Waldwegen und vorbei an den trutzigen Ruinen der Burg Hohenfels. Viel ist nicht mehr übrig, vom ehemaligen Heim des gleichnamigen Adelsgeschlechts. Von den über 1000 Jahre alten Mauerresten aus hat man aber auch heute noch eine hochherrschaftliche Aussicht auf das Fuß(gänger)volk in Sipplingen.

Einige Jahre haben auch die knorrigen Apfelbäume auf dem Buckel, die jetzt wieder ihre Blüten (auf dem Weg Richtung Sipplinger Hafen) sonnenhungrig ins Licht recken. Unter ihnen schwingen die kleinen Köpfchen knallgelber Butterblumen sanft im Wind. Auf der Weide nebenan grasen friedlich ein paar Pferde. Und mit jedem Schritt freut man sich ein bisschen mehr auf die kommenden Tage, die ab jetzt Stück für Stück wärmer und länger werden. Den ersten Spritz des Jahres gibt's nach getaner Wanderung dann auch gleich noch im Seehaus Sipplingen (www.seehaus-sipplingen.com). Mit einer wärmenden Decke über den Beinen bleibt man hier auf der Seeterrasse unterm Reetdach sitzen, bis die Sonne untergeht.

FAZIT: DEN BODENSEE IM BLICK, DEN FRÜHLING IN DER NASE. SCHÖNER KANN MAN NICHT IN DIE NEUE JAHRESZEIT STARTEN.

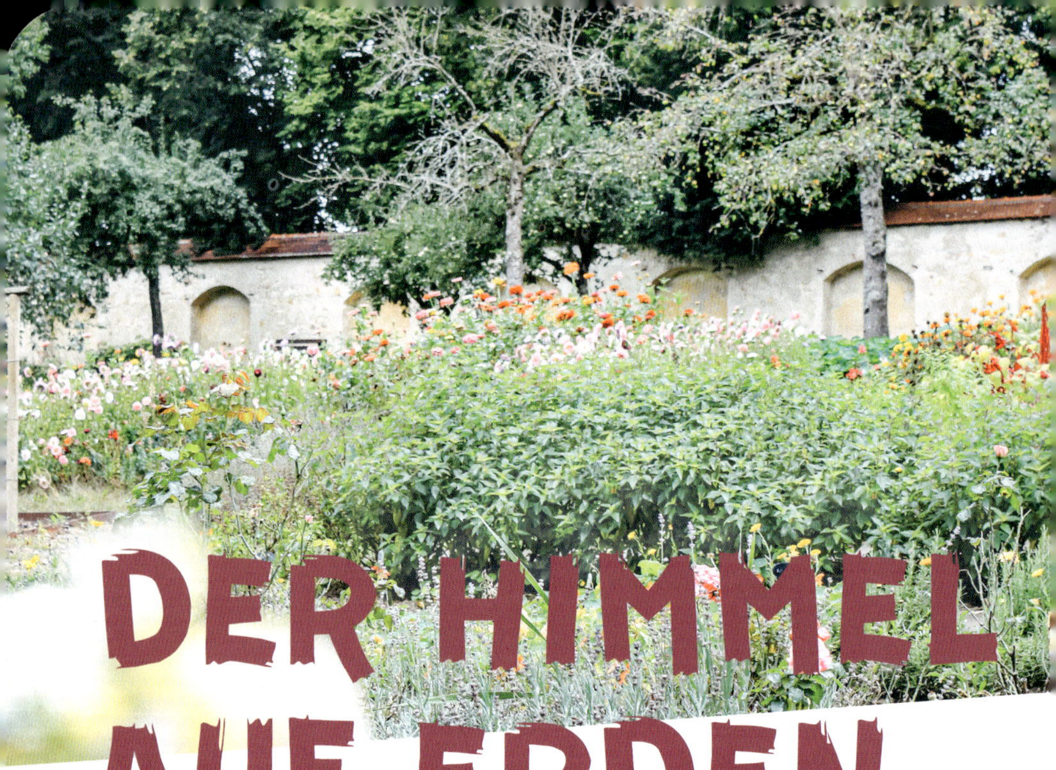

DER HIMMEL AUF ERDEN

... im Kloster Heiligkreuztal

#2

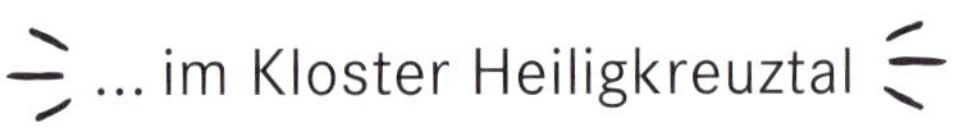

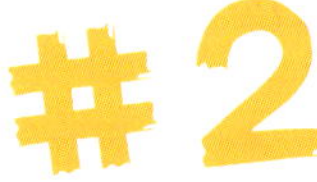

Wie an einer Perlenschnur aufgereiht ziehen sich katholische Klöster durch die gesamte Region. Eines der am besten erhaltenen ist der ehemalige Zisterzienserinnenkonvent Heiligkreuztal, zwischen Riedlingen und Langenslingen. Noch immer kann man hier den Geist längst vergangener Zeiten spüren.

#KurztripindieVergangenheit #Klosterleben #annodazumal #WeiherundWiesen

Große Wunder im Kleinen zu entdecken fällt in Heiligkreuztal ganz leicht.

→ ABSTECHER …

Geballte Frauenpower – hinter dicken Klostermauern. Sie waren Großgrundbesitzerinnen, Gutsverwalterinnen und Gottesdienerinnen und hatten doch kaum Kontakt zur Außenwelt. Die Zisterzienserinnen von Heiligkreuztal bewirtschafteten von 1227 an die Felder, Weiher und Wälder rund um ihren Konvent. Immer dann, wenn eine neue, gut betuchte Adelstochter ihr Gelübde ablegte, vergrößerte sich auch der Besitz des Klosters – großzügigen Landschenkungen der jeweiligen Familien sei Dank. Zu Hochzeiten gehörten den Nonnen 23 Orte im Umkreis des Klosters. Big Business à la Mittelalter.

Die beginnende Säkularisation in Württemberg, Anfang des 19. Jahrhunderts, läutete auch den Anfang vom Ende des Klosterlebens in Heiligkreuztal ein. 1843 zogen die letzten Nonnen aus, danach lag das Gelände lange Zeit brach.

Mittlerweile ist wieder Leben in die alten Mauern zurückgekehrt: Die Diözese Rottenburg-Stuttgart betreibt hier ein Tagungszentrum. Wer möchte, kann in den restaurierten Klosterzellen auch privat übernachten und sich eine ruhige Auszeit abseits des Überflusses genehmigen.

Aber auch ein Kurztrip nach Heiligkreuztal lohnt sich. Am besten lässt man sich einfach durch die frei zugängliche Anlage, mit ihren alten Gemäuern, penibel angelegten Wasserläufen und vielseitigen Gärten treiben. Von außen eher unscheinbar, versteckt sich dort beispielsweise eine winzige Kerzenkapelle unter dichtem Efeu. Ein mystischer Ort, um kurz innezuhalten und einen Herzenswunsch zum Leuchten zu bringen. Im Kräutergarten um die Ecke gibt's mittelalterliche Heilpflanzen zu bestaunen und im französischen Garten lehnt man sich an einen der akkurat gepflanzten Baumstämme und genießt die himmlische Ruhe.

Selbst wenn das Wetter mal nicht mitspielt, bietet das Klostergelände genügend überdachte Zufluchtsorte: Zum einen ist da natürlich das Herzstück der Anlage – das Münster St. Anna. Kunst- und Architekturfans begeistern sich in der dreischiffigen Basilika besonders für ein über 700 Jahre altes Buntglasfenster, auf dem, neben verschiedenen Heiligen, auch die damalige Äbtissin Elisabeth von Stepheln verewigt wurde. Und auch im

---

Hin & weg: Von Ulm kommend, geht's mit der Bahn bis nach Riedlingen. Von dort den Bus bis zur Haltestelle Andelfingen Landesstraße nehmen. Anschließend sind es noch 15 Gehminuten bis zum Kloster.

Beste Zeit: An nebligen, nieseligen Tagen wirkt die Anlage besonders mystisch und geheimnisvoll.

Dauer: 1–2 Std. fürs Flanieren durch die Gärten und einen Abstecher zu den Mühlweihern einplanen.

Ausrüstung: Kleingeld fürs Anzünden eines Lichts in der Kerzenkapelle.

Wo heute die kleine Kerzenkapelle im Klosterpark steht, befand sich einst die Kerzenzieherei der Zisterzienserinnen.

kleinen Klosterlädle um die Ecke findet man allerlei Geistreiches – in verkorkter und hochprozentiger Form.

Über den Klosterhof und durch einen Rundbogen hindurch führt der Weg aus den Klostermauern hinaus zu den gegenüberliegenden Mühlweihern. Früher wurde hier in der Mühle Korn gemahlen, heute schaut man den Enten beim Schwimmen zu. Bei gutem Wetter kann man auch selbst in den See springen und voll und ganz in den Charme Heiligkreuztals eintauchen.

FAZIT: TOLL ERHALTENE KLOSTERANLAGE AUS DEM MITTELALTER, DIE NICHTS VON IHREM EINSTIGEN CHARME VERLOREN HAT.

Flüssiges Glück

... an der Schussenquelle

Glasklar. Menschenleer. Unscheinbar und doch beeindruckend schön entspringt die Schussen in einem kleinen Wäldchen nördlich des imposanten Klosters von Bad Schussenried. Zwischen barocker Pracht und natürlicher Schönheit wandert es sich hier ganz entspannt durch die von Eiszeitgletschern geformte Landschaft.

#Kraftquelle #barfußdurchsWasser #GeschichtenausderEiszeit

Früher ratterte hier die Schmalspurbahn von Schussenried zum Torfwerk und wieder zurück. Inzwischen sind die alten Gleise stillgelegt.

Das Beste kommt zum Schluss? Nicht wenn man sich auf die Suche nach dem Schussenursprung macht. Denn die startet an einem der beeindruckendsten Barockschätzchen der Region: der ehemaligen Prämonstratenser-Reichsabtei Bad Schussenried, die für ihren marmorgespickten und pastellfarben bemalten Bibliothekssaal weltberühmt ist (www.kloster-schussenried.de).

Etwas weniger architektonisch beeindruckend verläuft der Weg anschließend (kurz!) am Industriegebiet entlang und wird schon bald zu einem kleinen Wiesentrampelpfad, der mitten hinein in den Wald führt. Auch ein paar rostige Schienen schlängeln sich hier durch die Natur. Klar, darauf muss natürlich balanciert werden. Hektisches Über-die-Schulter-schauen überflüssig - die ehemalige Bahntrasse ist stillgelegt. Mucksmäuschenstill ist es auch am Ursprung der Schussen. Ein paar Steintreppen hinunter, dann steht man auch schon mitten drin im flachen Gewässer, das durch viele kleine Quell-Rinnsale gebildet wird. Hände zur Schaufel formen und erst mal

---

Hin & weg: Vom Bad Schussenrieder Bahnhof aus mit den Buslinien 270, 271 und 272 bis zur Haltestelle Marktplatz. Dann sind es nur noch wenige Schritte bis zum Start am Kloster.

Beste Zeit: Sattes Grün, kühlendes Wasser, zwitschernde Vögel: Im Frühsommer ist es rund um die Quelle besonders schön.

Dauer & Strecke: Mindestens 2 Std. für die 8,2 km lange Tour. Gerne etwas mehr Zeit für die Klosterbesichtigung oder das Naturfreibad einplanen.

Ausrüstung: Eine leere Wasserflasche fürs Gratisquellwasser.

Erfrischungs-Tipp: Eine Trinkflasche mit glasklarem Quellwasser füllen. Übrigens: Auch das Bier der Schussenrieder Brauerei wird mit Wasser aus dem Umkreis der Schussenquelle gebraut.

einen großen Schluck vom weichen Wasser nehmen, das hier aus dem Erdinneren hervorsprudelt. Super erfrischend!

Der Blick wandert über das leise murmelnde Wasser, bis zur kleinen Holzbrücke und dann hinauf zum raschelnden Blätterdach des Moränenwaldes. Ganz klar: An diesem verwunschenen Örtchen herrscht die Magie der Natur. Menschen scheint dieser besondere Ort schon immer gut gefallen zu haben, wie der Fund eines Eiszeitjägerlagers beweist.

Von ihrer Wiege aus macht sich die Schussen dann auf eine 60 Kilometer lange Reise bis zum Bodensee. Auf ihren ersten Metern kann man sie noch begleiten, dann zweigt der Weg Richtung Roppertsweiler ab und weiter geht's auf gemütlich-flachen Wegen durch den schattigen Schorrenwald bis zum Zeller See. Mit etwas Glück stehen im kleinen Café am See fluffige Dampfnudeln auf der Tageskarte. Die Kalorien werden danach bei einer Rückenkraul-Runde durchs kostenlose Naturfreibad wieder abtrainiert. Aber auch ein Mittagsschläfchen auf der großen Liegewiese hat seinen Reiz. Gut zu wissen: Direkt am See stehen auch einige Wohnmobilstellplätze mit Stromanschluss zur Verfügung. Also einfach ein paar Tage länger bleiben.

FAZIT: FRÜHER GLETSCHER, HEUTE GLÜCKSORT – AM SCHUSSENURSPRUNG ERDET EINEN DIE ERDGESCHICHTE.

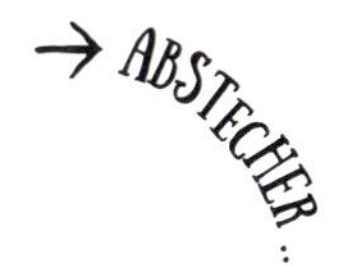

STÖRCHE SICHTEN

… rund um Salem

#4

Hätte Oberschwaben ein tierisches Wahrzeichen, dann wäre es der Weißstorch. Über 1000 Brutpaare nehmen jedes Jahr den weiten Weg aus dem Süden auf sich, um hier ein Weiher- und Wiesen-Festmahl zu genießen und ihre Küken auszubrüten. In der Storchenstation Salem kann man den Tieren auf den Schnabel schauen.

#gefiedertesWahrzeichen #einStrorchkommtseltenallein #Birdwatching

Weißstörche bringen nicht nur die Babys, wie man bekanntlich weiß, sondern laut Volksglauben auch jede Menge Glück für das Haus, auf dem sie nisten.

Taktaktak, taktaktak – den Kopf in den Nacken geworfen, den Schnabel in die Höhe gereckt. So sitzt das Storchenmännchen in seinem Horst, auf dem alten Hausdach, und klappert mit seinem gefiederten Nachbarn, auf dem Schornstein nebenan, um die Wette.

In den warmen Monaten des Jahres kann man die auffällig weiß-schwarz gefiederten Großvögel in ganz Oberschwaben beobachten. Viele Gemeinden wie Bad Saulgau, Bad Waldsee oder Riedlingen haben auf ihren Dächern Horste für die fliegenden Besucher errichtet. Und auch auf Feldern und in der Nähe von Weihern und Rieden staksen die Tiere häufig in Gruppen durchs Gras.

Selten kommt man ihnen aber so nahe, wie an der wissenschaftlichen Storchenstation auf dem Affenberg bei Salem. Um die 20 Brutpaare leben hier im Frühling und Sommer.

Kein Wunder, bei dem guten Service. Täglich gibt es eine Fütterung, bei der nicht nur Storchensnacks durch die Luft fliegen, sondern auch spannendes Wissen weitergegeben wird. Zum Beispiel, dass die imposanten Vögel in den 1970er Jahren beinahe aus der Region verschwunden waren. Gerade einmal 30 Störche gab es aufgrund intensiver Landwirtschaft und der Trockenlegung vieler Feuchtgebiete damals noch. Dank umfangreicher Wiederansiedlungsprojekte kreisen nun wieder um die 1400 Brutpaare durch die Lüfte Baden-Württembergs, die meisten davon in Oberschwaben.

Ende März kehren die Flügelträger aus ihren Winterquartieren in Afrika, Spanien oder dem Nahen Osten zu ihren Nestern in Deutschland zurück, um zu brüten. In Oberschwaben finden sie alles, was sie begehren: bewirtschaftete Felder, überschwemmte Landschaften und unzählige Teiche und Weiher. Wer also lieber auf eigene Faust auf Adebars Spuren wandeln möchte, der kann mit dem Fernglas im Anschlag beispielsweise im Naturschutzgebiet Schwarzer Graben nördlich von Salem auf Storchen-Safari gehen. Bis Ende August schreiten die Langbeiner hier anmutig durch die Wiesen, auf der Suche nach Heuschrecken, Mäusen, Regenwürmern und Fröschen. Dann geht's wieder auf große Reise – dem Süden und der Sonne entgegen.

Da geht die Schnecke lieber mal in Deckung: Ein ausgewachsener Storch verdrückt um die 500 Gramm Nahrung pro Tag. Das entspricht etwa 500 kleinen Weichtieren – oder 16 Mäusen.

FAZIT: FEDRIGE FREUDE FÜR VOGELFREUNDE UND NATURLIEBHABER.

Hin & weg: Der Erlebnisbus 1 fährt von April bis November stündlich zwischen Bahnhof Salem, Schloss Salem, Affenberg und Uhldingen-Mühlhofen hin und her.

Beste Zeit: Ab April ist Brutzeit, dann kann man die kleinen Storchenküken aus den Horsten lugen sehen. In der Storchenstation Salem (www.affenberg-salem.de) überwintern auch einige Tiere.

Dauer: 1–2 Std.

Ausrüstung: Ein Fernglas für den scharfen Blick auf den Horst.

LOST AND FOUND

... auf dem Gut Hügle nahe Ravensburg

Einfach mal wieder Kind sein. Beim Irren und Wirren durch ein meterhohes Maislabyrinth gelingt das spielend leicht. Sowieso fühlt sich das Leben auf Gut Hügle im Sommer irgendwie leichter an als sonst wo. Ein bisschen Bullerbü für Erwachsene.

#mittenimMais #Frühsommerlaune #Hofeisschlecken

Mais ist nicht nur das höchste Getreide der Welt, sondern auch das am meisten angebaute.

Der Weg ist an manchen Stellen noch etwas aufgeweicht vom letzten Regen. Ein flinker Hüpfer über die Matschpfütze und weiter geht's durch die zwei Meter hohen Maisstauden hindurch, auf der Suche nach dem nächsten Hinweisschild. Denn im Maislabyrinth des Gut Hügle muss man nicht nur den Ausgang wiederfinden – unterwegs gilt es auch noch ein Rätsel zu lösen. Auf einer Fläche von drei Fußballfeldern wächst hier jeden Sommer das gelbe Gold in den Himmel.

Zwischen den hohen Stauden verschwindet die hektische Welt um einen herum vollständig und man selbst gleich mit dazu. Mist, schon wieder falsch abgebogen. Zum Glück gibt's einen Tipp zur richtigen Abzweigung von entgegenkommenden Labyrinth-Besuchern. Schritt für Schritt gelangt man so insgesamt zwei Kilometer lang immer weiter durch den Mais-Wald. Ist der Ausgang erst einmal gefunden, wird im alten Stadel gegenüber ein hausgemachtes Hofeis geschleckt, aber auch die frisch gebackene Dinnete duftet verführe-

Wer den Ausgang aus dem Labyrinth gefunden hat, belohnt sich im Hof-Kiosk mit frischer Limo und knackigen Snacks.

risch. Und dann? Wie wär's mit einer Partie Discgolf (Frisbee für Fortgeschrittene) oder einer E-Bike-Tour zum nahegelegenen Wildpark Sonnenhalde. Oder doch lieber gleich bis an den Bodensee radeln? Um ins schöne Städtchen Friedrichshafen zu gelangen, tritt man vom Hofgut aus eine knappe Stunde in die Pedale.

Übrigens: Zwischen Juni und August hängen die vielen Kirschbäume des Hofguts voller knackig-roter Früchte. Am Empfang kann man sich dann einen großen Eimer samt Bollerwagen ausleihen und sich auf in die langen Plantagenreihen machen. Gepflückt wird, bis der Eimer voll ist. Selbst wenn es regnet, wird man dabei, dank einer Überdachung, nicht nass. Ein zuckersüßes Vergnügen.

FAZIT: DSCHUNGEL-FEELING À LA OBERSCHWABEN. NICHT NUR FÜR KLEINE BESUCHER EIN GROßES VERGNÜGEN.

Hin & weg: Von Ravensburg fährt die Buslinie 3 mehrmals täglich bis zur Haltestelle Bottenreute, die sich nur wenige Meter vom Hof entfernt befindet.

Beste Zeit: Ab Anfang Juli ist der Mais hoch genug, um sich darin zu verirren.

Dauer: Etwa 45 Min. fürs Labyrinth. Erkunden des ganzen Geländes 2–3 Std.

Ausrüstung: Gummistiefel für mehr Spaß im matschigen Feld.

PICKNICK IN POMPÖS

… beim Schloss Sigmaringen

#6

In den Parks und Gärten rund um das prächtige Hohenzollernschloss flanierten einst Fürstinnen und Fürsten. Auch heute kann man dort noch fabelhaft lustwandeln und auf dem herrschaftlichen Grün die Picknickdecke ausbreiten. Immer im Blick: Das zweitgrößte (und schönste) Stadtschloss Deutschlands.

#gutesEssenguteAussicht #Genussmoment #MittagsimPark #Schlossliebe

Genau wie die einstige Herrin von Schloss Sigmaringen, Amalie Zephyrine (1760–1841), stammt auch die Idee des Picknicks aus Frankreich.

Drama, baby! Die Architekten des Schlosses Hohenzollern wollten den ganz großen Auftritt. Und den haben sie auch bekommen. Ihr turmreiches Meisterwerk thront seit über 370 Jahren auf einem freistehenden Kalkfelsen, der steil über der Donau aufragt. Mächtig mondän und ganz schön fotogen. Wer das Schmuckstück in seiner ganzen Pracht genießen will, schnappt sich eine Decke, genügend Proviant und macht sich vom Bahnhof aus auf zum Schloss-Genuss.

Diese Stadt hat Stil, das beweist schon der penibel angelegte Prinzengarten, in dessen Grün man, nur wenige Meter von den Schienen entfernt, eintaucht. Geschwungene Wege, sprudelnde Springbrunnen und eine Sichtachse bis zum Schloss: Erbprinz Leopold mochte es seinerzeit gerne englisch und das, obwohl er mit dem Kaiser der Franzosen, Napoleon Bonaparte verwandt war. Durch seinen Garten flitzen heute Hunde und auf den grünen Wiesen faulenzen Erholungssuchende in der Sonne. Man will sich am liebsten auch gleich dazusetzen, aber das Beste kommt erst noch.

Hin & weg: Dank seines (Bus-)Bahnhofs ist Sigmaringen ein optimaler Verkehrsknotenpunkt, um mit den Öffentlichen aus ganz Baden-Württemberg anzureisen. Bis zum Schloss sind es vom historischen Bahnhof nur knappe 500 m.

Beste Zeit: An einem schönen Sommernachmittag.

Dauer: Je nachdem, wie viel in den Picknickkorb passt, 1–2 Std.

Ausrüstung: Picknickkorb und -decke. Ein perlender Drink und Erdbeeren für die Extraportion Glamour.

Die Donau im Blick und die Lieblingsleckereien im Korb: Auf den Wiesen vor dem Schloss lässt es sich gut aushalten. Außerdem lohnt sich ein Spaziergang durch den fürstlichen Park von Inzigkofen.

Schwupps, rüber über Straße und Eisenbahnbrücke. Da ist sie endlich - die perfekte Postkartenansicht auf das markante Schloss mit seinem rostroten Dach und den unzähligen Fenstern. Erst mal ein paar Fotos schießen und dann das Festmahl direkt neben dem Selfie-Point ausbreiten. Adel verpflichtet, auch im Picknickkorb: der Champagnerkorken knallt, das Croissant badet in erlesenen Aufstrichen und die gefüllten Datteln versüßen den Augenblick noch ein bisschen mehr.

Wer das Schloss nicht nur von außen bewundern, sondern auch mal ins fürstliche Schlafzimmer spicken möchte, schnappt sich nach vollendetem Mahl einen Audioguide oder einen Schlossführer an der Besucherkasse und taucht in die 1000-jährige Geschichte des Adelshauses ein (www.hohenzollern-schloss.de). Und natürlich ist kein Sigmaringen-Besuch perfekt, ohne ein schwarzweiß kariertes Stück Hohenzollerntorte aus der Hofkonditorei Huthmacher (www.hofkonditorei-huthmacher.de). So schmeckt Geschichte!

FAZIT: SCHAMPUS UND SCHLOSSGENUSS – EINE UNWIDERSTEHLICHE KOMBINATION.

WILDE WEIHER BEWUNDERN

... an der Blitzenreuter Seenplatte

#7

Altshausen ist nicht nur die Heimat der herzoglichen Familie von Württemberg, sondern auch der Ausgangspunkt einer herrschaftlich entspannten Radtour zu den Blitzenreuter Seen. Majestätische Badestopps inklusive.

#SeenohneEnde #abtauchen #Waldbad #zuBesuchbeiderHerzogin

→ ABSTECHER …

Wer sein Fahrrad liebt, der schiebt – naja, zumindest ganz zu Beginn dieser Rundtour. Denn die startet mitten im Wahrzeichen des Örtchens Altshausen: Dem Schloss und seinem Park. Umgeben von gelben und terra cottafarbenen Mauern befindet sich ein frei zugängliches Open-Air-Kunstmuseum. Keine Geringere als die Schlossherrin, Diane Herzogin von Württemberg persönlich, stellt hier ihre meterhohen Engelskulpturen aus Bronze und Metall aus.

Nun aber rauf auf den Sattel, denn vor den Toren des herzoglichen Anwesens hat nicht der Adel, sondern die Natur das Sagen – und die will erkundet werden. Von der Ortsmitte aus folgt man erst einmal der Beschilderung auf breiten Wegen durch den Stubener Wald. Links

und rechts fliegen die Bäume vorbei und auch das gleichnamige Örtchen ist schnell durchquert. Etwa zehn Minuten später ist man dann auch schon mitten drin, in der Blitzenreuter Seenplatte. Ein interessanter Naturlehrpfad erklärt, wie aus der einstigen Gletschersenke erst ein Hochmoor und schließlich eine ganze Seenlandschaft wurde. Deren erster, glitzernder Vertreter taucht wenige Meter vom Örtchen Vorsee (ein Abstecher zum Hofladen lohnt sich: Es gibt Kuchen!) entfernt, zwischen den Feldern auf. Holterdiepolter verläuft ein kleiner Weg aus Holzschnitzeln am Seeufer entlang und schon ein paar Pedalumdrehungen weiter erreicht man den Häcklerweiher.

Erst mal eine kleine Essenspause an der Grillstelle einlegen, und wer schon ein wenig überhitzt ist, springt einfach von einem der Holzstege aus in den See. Denn hier ist Schwimmen ausdrücklich erlaubt. Auf der Suche nach einer etwas ruhigeren Badestelle? Die bietet das nächste Juwel entlang der Seenkette – der menschenleere Bibersee, der nur schlappe zehn Minuten entfernt liegt.

Hin & weg: Ab Biberach an der Riß mit dem RE5 und RE6 in knapp 30 Min. bis zum Bahnhof Altshausen. Die Fahrradmitnahme ist möglich.

Beste Zeit: Von April bis Oktober ein Genuss. Wer im Sommer kommt, kann unterwegs ein erfrischendes Bad in den Seen nehmen.

Dauer & Strecke: Etwa 2 Std. Radelzeit für die 26 km lange Stecke (mit Schlossbesichtigung und Badestopps bis zu 4 Std.) einplanen.

Ausrüstung: Helm nicht vergessen und Proviant für die Pause am Grillplatz oder Seebänkchen einpacken. Im Sommer: Badesachen.

Über 5000 Jahre alte Funde aus der Jungsteinzeit belegen, dass die Blitzenreuter Seenplatte lange Zeit ein beliebter menschlicher Siedlungsort war.

An Islandpferden, einem Kieswerk und dem dazugehörigen Baggersee vorbei, verläuft der Weg sanften Trittes in Richtung Ebenweiler. Eine Stärkung für die letzten Kilometer gefällig? In der kleinen Besenwirtschaft Saustall (Egg 4, Ebenweiler) gibt's die besten Vesperteller weit und breit. Ganz entspannt geht's nun durch Felder und Obstwiesen wieder zurück zum Ausgangspunkt in Altshausen. Wie könnte es anders sein, wartet auch hier noch ein tolles Seefreibad, in das man zum Abschluss des Genusstour noch hüpfen kann.

FAZIT: AUF DIESER ENTSPANNTEN TOUR FINDET JEDER IM EIGENEN PEDALRHYTHMUS SEIN LIEBLINGSPLÄTZCHEN – VON SCHLOSS BIS SEE.

TÜRME UND TORE ZÄHLEN

… beim Sonnenuntergang in Ravensburg

Bye, bye Sonne. Der Veitsberg in Ravensburg zählt zu den schönsten Orten, um dem goldenen Feuerball beim allabendlichen Versinken zuzuschauen. Mit einem Drink in der Hand und einer Decke über den Beinen lässt sich der Ausblick auf die mittelalterlichen Mauern besonders gut genießen.

#SundownSightseeing #Abendspaziergang #dinierenundphilosophieren

Der Rutenbrunnen in der Nähe des Obertors steht symbolisch für die jahrhundertealte Tradition des Ravensburger Rutenfests, das jedes Jahr im Sommer fünf Tage lang gefeiert wird.

Schnell mal durch schlappe 600 Jahre Stadtgeschichte hindurchschreiten? Am Obertor von Ravensburg kein Problem. Der trutzige Turmbau aus dem Jahr 1430 ist eines von drei bestens erhaltenen Stadttoren, die das mittelalterliche Ravensburg einst vor unerwünschten Besuchern schützten. Überhaupt kann man in den alten Gassen, an den windschiefen Fachwerkhäusern und schicken Patrizierpalästen noch heute den Charme und den Reichtum der ehemaligen Freien Reichsstadt erkennen.

Den Beinamen »Stadt der Türme und Tore« hat sich Ravensburg redlich verdient: Ein gutes Dutzend Wehr- und Kirchtürme ragt hier, mal rund, mal eckig, in den Himmel. Wer alle zählen möchte, macht sich, kurz vor Sonnenuntergang, von der Innenstadt aus auf den Weg hoch zum Veitsberg – einem der besten Aussichtspunkte der Stadt. Ein weitschwingender Serpentinenweg führt hinauf zum putzigen Bagnato-Schlösschen. Infostelen zu berühmten Philosophen und ihren Theorien links und rechts des Pfades sorgen für Gesprächsstoff auf dem Weg nach oben. »Am schönsten sieht die Welt von halber Höhe aus«, meinte da beispielsweise Friedrich Nietzsche. Recht hat er: Das gleißende Sonnenlicht bemalt die immer kleiner werdenden Häuser der Stadt jetzt mit einem goldenen Schimmer. Der dicke, runde Mehlsack drängt sich wichtigtuerisch ins Blickfeld. Das darf er auch, schließlich ist der weißgetünchte Wehrturm das Wahrzeichen der Stadt. An Sommer-Sonntagen kann man ihn besteigen und von dort bis in die Schweiz spähen. Grüezi mitenand!

Jetzt dreht sich aber erst mal alles um die untergehende Sonne. Entlang der kleinen Mauer am Wegesrand findet jeder ein passendes Plätzchen fürs Sunset-Watching. Wie in einem

---

Hin & weg: Der Bahnhof von Ravensburg ist ein wichtiger Verkehrsknotenpunkt der Region. Dort hält auch die Bodensee-Oberschwaben-Bahn. Bis zur Veitsburg dauert es zu Fuß knapp 20 Min.

Beste Zeit: Eine Stunde vor Sonnenuntergang ist das Licht am schönsten.

Dauer: 1–2 Std. Danach geht's für Dinner & Drinks in die Stadt.

Ausrüstung: Gläser und etwas Prickelndes zum Anstoßen.

Gute Aussichten? Die gibt's in Ravensburg nicht nur auf dem Mehlsack (rechts unten). Auch der Blaserturm, mitten in der Altstadt, bietet von seinen 51 Metern aus fantastische Weitblicke bis ins Schussental.

impressionistischen Gemälde erleuchtet das Licht die Wolken über der Stadt erst flammend orange, dann karmesinrot, dann blassrosa. Auf so viel Schönheit muss man anstoßen. Sektflasche vergessen? Macht nichts. In der Gaststätte Humpis (Marktstraße 47), direkt am Fuß des Bergs, hilft man gerne aus. Wer's lieber fest als flüssig mag, bestellt sich eine Pizza aus dem Holzofen und lässt den Abend gemütlich unter den bunt gestreiften Terrassenschirmchen ausklingen.

FAZIT: SUNSET-WATCHING GEHÖRT AUF JEDE SOMMER-TO-DO-LISTE. PERFEKT, WENN DER BESTE SPOT DAFÜR GLEICH VOR DER HAUSTÜRE LIEGT.

SAND-STRAND AM ORTSRAND

... im Naturstrandbad Steeger See bei Aulendorf

Wer braucht schon einen Tag am Meer, wenn man am längsten Strand Oberschwabens, mit einem Pide in der Hand, den nie enden wollenden Sommer zelebrieren kann? Sonnenbrille auf, Bikini an und rein ins moorige Nass.

#Moorbad #Seezeit #einPidemitPommesbitte #KopfsprunginsGlück

→ ABSTECHER …

War man überhaupt wirklich im Freibad, wenn man nicht eine Portion Pommes verdrückt hat?

Die Sonne strahlt vom Himmel. Kinder hüpfen jauchzend vom Drei-Meter-Turm ins Wasser. Es duftet nach Sonnencreme, frisch gemähtem Gras und Freibadpommes. Noch schnell ein Plätzchen auf der großen Liegewiese reservieren und dann nichts wie rein ins Moorbad.

Auch wenn das bräunlich schimmernde Wasser des Steeger Sees auf den ersten Blick ungewohnt wirkt, sollte man unbedingt einen Sprung hineinwagen. Das Bad kann Entzündungen im und am Körper lindern und auch bei Hautkrankheiten wie Schuppenflechte hilfreich sein. Vor allem aber macht es riesigen Spaß vom Sprungbrett immer und immer wieder ins kühle Nass zu springen.

Nach der zehnten Arschbombe jedoch knurrt irgendwann der Magen. Also ab an Land und immer dem Pommesduft nach. Durch das kleine Servierfenster des Kiosks wird aber nicht nur der rot-weiße Klassiker gereicht. Auch die frischgemachten Pide sehen köstlich aus. Einfach beides bestellen und auf dem Liegetuch ein kleines Picknick veranstalten. Lust auf einen kleinen Strandspaziergang? Muscheln findet man am aufgeschütteten Sandstrand entlang des Seeufers zwar keine, dafür lassen sich kleine Fischchen und Wasserläufer beob-

achten und auch für eine hitzige Partie Beach Ball eignet er sich perfekt.

Zur Abkühlung geht's zurück in den See, dessen warmes Wasser sich angenehm samtig an die Haut schmiegt. Nach ein paar kräftigen Schwimmzügen ist das Holzfloß erreicht, das in der Mitte des Gewässers vor sich hindümpelt. Gerade ist eine der geschwungenen Liegen frei geworden. Schnell drauf und Wärme tanken. Vom gegenüberliegenden Ufer weht leises Stimmengewirr herüber, kleine Wellen platschen gegen die Plattform und bringen sie sanft zum Schaukeln. Die Augen werden schwer, die Sonnenstrahlen wärmen wohlig. Zeit für ein kleines Nickerchen. Aber bloß nicht zu lang, schließlich wartet noch das spannendste Match des Tages an der Tischtennisplatte. Oder doch lieber auf dem Volleyballfeld, beim lebensgroßen Vier-Gewinnt oder Karten-Spiel auf dem Strandtuch? Ach ja, der Eiskaffee mit Sahnehäubchen von der Nachbarliege sieht auch verführerisch aus. Ein Glück, dass der Sommer noch so lang ist. Nächstes Wochenende kommt man einfach wieder.

Übrigens: Ein Abstecher zum Steeger See lohnt sich auch außerhalb des Sommers,

---

Hin & weg: Vom Bahnhof Aulendorf aus, sind es nur 10 Gehminuten bis zum Naturfreibad.

Beste Zeit: Die Badezeit beginnt im Juni und endet im September.

Dauer: Bis die Sonne untergeht.

Ausrüstung: Sonnencreme und Beach Ball Schläger nicht vergessen.

Die braune Farbe des Moorsees entsteht durch Pflanzenreste, die aufgrund des geringen Sauerstoffgehalts im Wasser nicht komplett abgebaut werden.

wenn das Freibad geschlossen hat. Rings ums Wasser führt nämlich ein liebevoll angelegter 1,2 Kilometer langer Naturerlebnisweg, auf dem man sein Wissen über heimische Tier- und Pflanzenarten auffrischen kann.

FAZIT: KLEINES FREIBADJUWEL, DAS FUNKELNDE AUGEN UND UNVERGESSLICHE SOMMER-ERINNERUNGEN VERSPRICHT.

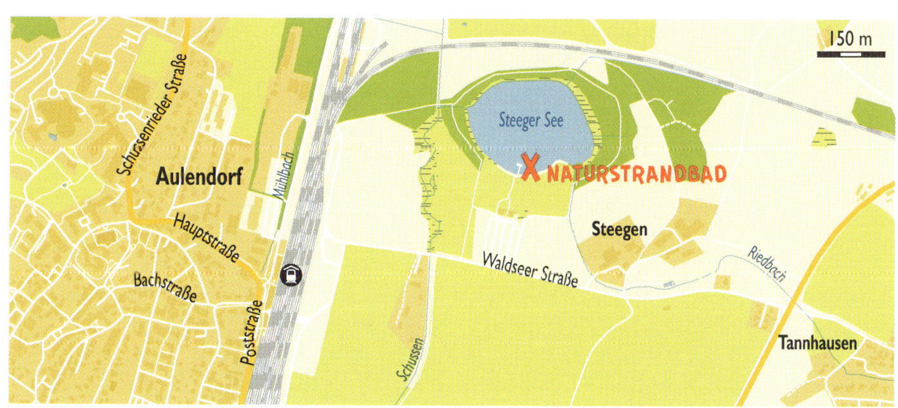

HEILIX BERGLE

… von Unlingen auf den Bussen

Wenn vom »Heiligen Berg« die Rede ist, weiß zwischen Alb und Bodensee jeder welche Erhebung damit gemeint ist. Der markante Bussen ist schon von Weitem zu erkennen. Zu Fuß geht's rauf zum sagenumwobenen Pilgerort mit fabulöser Fernsicht.

#Stillesuchen #WandernundWallfahrt #PanoramaParadies #demHimmelsonah

→ ABSTECHER …

Rauf auf den Berg: Oben angelangt, liegt einem ganz Oberschwaben zu Füßen.

Die Frühsommersonne wirft ihre langen Lichtstrahlen durch die Blätter des Waldes. Unter den Schuhen knacken kleine Ästchen. Es duftet nach feuchter Erde und Nadelbäumen und irgendwo plätschert ein kleiner Bach. Es ist friedlich im Bussenwald. Fast schon andächtig still. Ziemlich passend für einen Berg, der den Oberschwaben seit Jahrhunderten heilig ist. Seit dem Jahr 805 n. Chr. steht eine Kirche auf dem 767 Meter hohen Bussen, zu der die Menschen jeher mit ihren Sorgen und Nöten im Gepäck pilgerten. Kinderlose Ehepaare, die sich Nachwuchs wünschen, bitten dort noch heute die Mutter Gottes um ihren Segen für eine Schwangerschaft.

Ein steiler Weg führt, aus Richtung Unlingen kommend, rauf, durch den dichten Wald, vorbei an buschigen Holundersträuchern und Brennnesselfeldern, und kreuzt schließlich den Schöpfungsweg. Der führt auf zwei Kilometern Länge um den Berg herum und sorgt mit Meditations-Aufgaben und Naturbeobachtungs-Tipps für stilles Staunen über die Schönheiten der Natur. »Vom Bussen aus eröffnet sich ein wunderbarer Blick auf die oberschwäbische, von Gott gesegnete Heimat«, steht auf einem der Hinweisschilder entlang des Weges geschrieben. Noch ein Stückchen weiter lässt sich dieser Blick tatsächlich genießen. Der weiße Turm der St. Johannes Baptist Kirche, kurz Bussenkirche, blitzt zwischen den Ästen hervor. Nur noch ein paar Treppen und die weiten Felder, Wiesen und Wälder der Region liegen einem zu Füßen. Von Alb bis Alpen ist, in etwas weiterer Entfernung, alles vorhanden, was in der Bergwelt Rang und Namen hat. Für diesen phänomenalen Ausblick lohnt sich jeder Tropfen Aufstiegs-Schweiß. Auf einer Bank vor der Kirche wird erst mal die Wasserflasche geleert und dann das

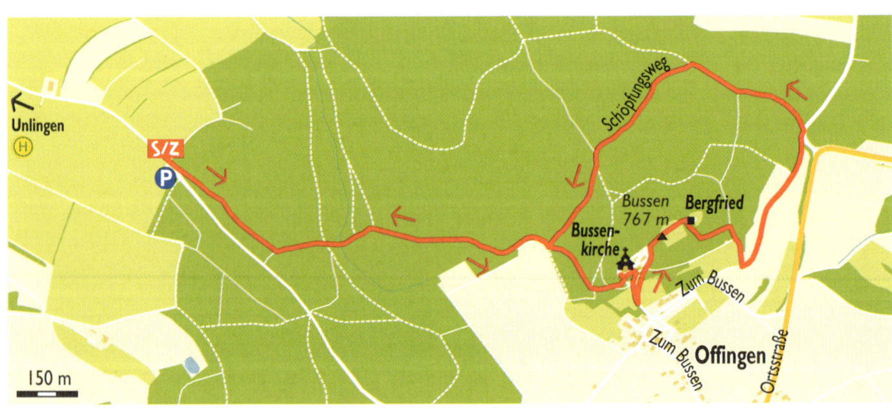

No ned hudla (schwäbisch für »Immer mit der Ruhe!«)! Während des Aufstiegs sorgen kleine Entdeckungen am Wegesrand und lauschige Bänkchen immer wieder für kurze Pausen zwischendurch.

weißgetünchte Gotteshaus, das aus dem Jahr 1516 stammt, von innen erkundet.

Hinter der Kirche lockt ein kleiner Wiesenpfad über den sanften Bergkamm des Bussens hinweg. Auch dort will noch etwas entdeckt werden: Ein steinerner Torbogen gibt den Blick auf den letzten Überrest der ehemaligen Bussenburg frei. Den über tausend Jahre alten Bergfried kann man bei gutem Wetter besteigen. Auch wenn es kaum möglich scheint: Die Aussicht von der Turmspitze toppt nochmal alles bisher Dagewesene und zeigt die ganze Pracht Oberschwabens. Da kommt einem direkt ein Satz des Schöpfungswegs in den Sinn: »Wie klein sind die Dörfer und Häuser, wie klein bist du selbst im Vergleich zu allem, was dir ins Auge springt. Werde still, staune und danke deinem Schöpfer.«

FAZIT: FERNBLICK. FÜRBITTE. FASZINATION. EGAL OB GLÄUBIG ODER NICHT, DEN BUSSEN MUSS JEDER MAL BESTIEGEN HABEN.

Hin & weg: Von Riedlingen kommend, mit der Buslinie 320 bis zur Haltestelle Schule in Unlingen fahren. Von dort sind es knapp 30 Min. Fußweg bis zum Wanderparkplatz Obere Esch. Wer mit dem Auto kommt, kann hier direkt starten.

Beste Zeit: Früh am Morgen hat man die Strecke und den Ausblick ganz für sich allein.

Dauer & Strecke: Knapp 2,5 Std. für den 4,5 km langen Rundweg.

Ausrüstung: Fernglas fürs Täler- und Bergegucken.

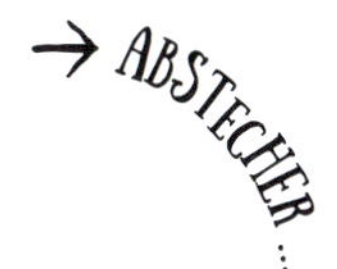

IST DOCH ALLES KÄSE

Schmelzige Käsknöpfle, saftige Wiesen, bimmelnde Kuhglocken – das Allgäu erfüllt seine Klischees. Im besten Sinne. Bei einer Radrunde durch die sanfte Hügellandschaft rund um Isny kommt man in den vollen Genuss von Käsebrot und Alpenrot.

#MuhmachtdieKuh #BrotzeitmitAussicht #abinsAllgäu #Genusstour

Kühe gehören zum Allgäu wie die Löcher in den Käse: Die sanften Grasfresser werden zwischen Mai und Juni auf die Almen getrieben, wo sie den Sommer und die Aussicht genießen können.

Noch bevor das Pedal seine erste Umdrehung macht, wird erst einmal Proviant gekauft. In der kleinen Bio-Heumilch-Sennerei Käsküche am Ortsrand von Isny (www.kaeskueche-isny.

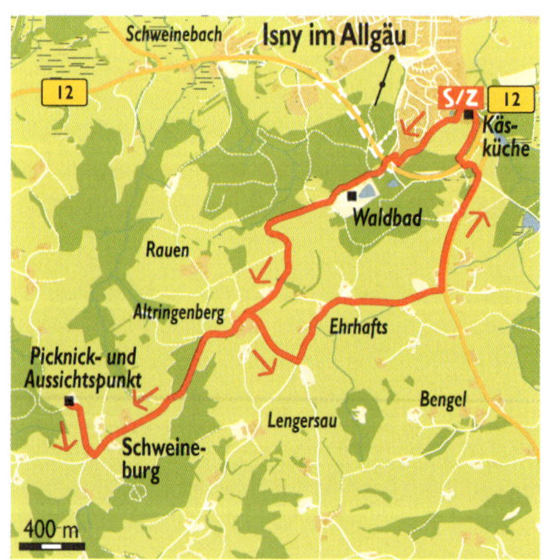

de) lässt man sich ein Brot dick mit würzigem Bergkäse belegen. Ab in den Rucksack damit und los geht's. Vorbei am idyllischen Waldbad (samt Campingplatz) führt der Weg hinaus zu den Wiesen und Höfen vor der Stadt.

Etwas mehr als hundert Höhenmeter gilt es von nun an zu überwinden. Ein Klacks für geübte Radler. Gelegenheits-Cyclisten können sich aber auch einfach vom E-Bike über die Steigungen der herrlichen Landschaft schieben lassen. Unterwegs kommt man an gehörnten und muhenden Hofbewohnern vorbei, deren Milch unter anderem in dem Käse-Stückchen steckt, das gerade noch in der Auslage weilte. Der aussichtsreich gelegene Prinzenhof beliefert (www.prinzenhof-gestratz.de) die Käsküche mit frischer Milch und bietet Besuchern die Möglichkeit zum Urlaub auf dem Bauernhof.

Noch ein paar Mal kräftig in die Pedale treten, dann wartet die Belohnung hinter dem Schweineburger Ortsschild: Eine atemberaubende Aussicht auf die gesamte Nagelfluhkette, samt schneebedeckter Alpengipfel dahinter. Gut nachzuvollziehen, warum sich dieser Ort schon vor 2700 Jahren als Wehranlage eignete. Von den alten Gemäuern längst vergangener Tage ist heute aber nichts mehr übrig. Die Natur hat sich den ehemaligen Burgberg komplett zurückerobert. Ein Abstecher lohnt sich aufgrund der exponierten Aussichtslage trotzdem. Gleich hinter Schweineburg führt ein Schotterweg links hinauf. Am besten lässt man das Rad am Waldrand stehen und geht das letzte Stückchen Weg zu Fuß weiter.

Die Käsküche in Isny bietet auf Anfrage auch Führungen durch die Schaukäserei mit anschließender Verkostung an. Unbedingt probieren sollte man die Käsesorten Adelegger und Isnyer Blütenzauber.

Strahlend pinke Waldorchideen säumen den Pfad bis zum Aussichtspunkt. Zwischen dichtem Moos lugt der rote Kopf eines frischen Fliegenpilzes hervor und ein bisschen kommt man sich vor, als wäre man in einer verwunschenen Märchenlandschaft gelandet.

Auf einem abgesägten Baumstamm wird dann endlich die weitgereiste Käsestulle ausgepackt und mit Blick auf die grasgrüne Allgäu-Landschaft verschlungen. Das Beste kommt zum Schluss: Das Rad einfach gemütlich in Richtung Tal rollen lassen.

Gut zu wissen: Das ganz große Käseglück kann man sich auf der gleichnamigen 80 Kilometer langen Tour entlang der Allgäuer Käsestraße erradeln. Alle Infos zur Strecke gibt's auf www.allgäuer-käsestrasse.de

FAZIT: GUTER KÄSE IST TEIL DER ALLGÄUER IDENTITÄT. GENAUSO WIE DIE SAGENHAFTE HÜGELLANDSCHAFT. BEIDES GIBT ES IN HÜLLE UND FÜLLE AUF DIESER TOUR.

Hin & weg: Mit der Bahn zu einer der umliegenden Städte Wangen, Röthenbach oder Leutkirch. Von dort fährt der RegioBus bis nach Isny.

Beste Zeit: Bei gutem Wetter das ganze Jahr über ein Genuss.

Dauer & Strecke: 1–2 Std. für knapp 10 km gemütliches Radfahren.

Ausrüstung: Käsesnack für unterwegs in den Rucksack packen. Wer kein Rad dabeihat, kann sich im Radladen Isny (www.radladen.org) eines leihen.

IN DEN FEIER-ABEND SCHIPPERN

#12

Wer braucht schon den Stepper im Fitness-Studio, wenn man nach getaner Arbeit das Sportprogramm auch einfach nach draußen verlagern kann? Mit dem Tretboot strampelt man dem Alltagsstress davon und bekommt nebenbei auch noch großes Naturkino geboten.

#abaufdenWeiher #Alltagade #AfterworkRunde #strammeWaden

Die Qual der Wahl dümpelt, an Holzpfählen befestigt, am Ufer des kleinen Weihers. Darf's der Tretbootklassiker oder lieber der schicke Schwan sein? Oder doch vielleicht ganz traditionell mit Armschmalz im Ruderboot? Die Entscheidung fällt auf das Tretboot mit den knallorangfarbenen Sitzen. Mit einem Eis aus der Weihergaststätte in der Hand geht's mit

Einst gehörte der Schwaigfurter Weiher zum Kloster Bad Schussenried und wurde von den Mönchen zur Fischzucht genutzt. Noch heute wimmelt es im Wasser von Karpfen und Schleien.

strammen Tritten raus aufs Wasser. Ein pechschwarzes Blesshuhn begleiten das Boot ein Stück weit, taucht dann aber mit einem leisen Plopp in die Tiefen des Sees ab, um fürs Abendessen zu sorgen. Zu hören ist jetzt nur noch das Plätschern des Tretantriebs. Einfach mal kurz aufhören zu strampeln und da ist sie auch schon: die absolute Ruhe. Der restliche Schwung treibt den Kahn vorbei an Seerosenfeldern und Röhricht, bis zu einer kleinen Insel in der Mitte des Weihers. Anlegen darf man hier nicht. Das Örtchen gehört ganz der Natur und den Wasservögeln. Aber auch aus der Ferne ist das Naturkino ziemlich spannend. Eine Entenfamilie schwimmt zwischen den tiefhängenden Ästen der Bäume hindurch. Kleine Fischchen flitzen an der Bootswand entlang und über allem zieht ein Greifvogel seine Kreise. Nach einer Weile wird das Auge geübter für die Tierbeobachtungen und eine flinke Tanzeinlage kleiner Wasserläufer rundet das Abendprogramm ab.

Die Beine werden langsam schwer und die Sonne zieht Richtung Horizont. Zeit, wieder Kurs aufs Ufer zu nehmen. Dort angekommen wird das Boot wieder fest vertäut und wartet geduldig auf die nächsten Ausflügler. Nach dem erfolgreich absolvierten Sportprogramm, gibt's jetzt noch die nötige Portion Proteine auf der Terrasse des kleinen Gasthauses direkt an der Bootsanlegestelle. Die Brathähnchen der Familie Ehrhart gelten als echter Geheimtipp. Wer eher auf Carbs steht: Die klassische Portion Spätzle mit Soße schmeckt ebenfalls hervorragend. Wenn doch nur jeder Leg Day so schön enden würde.

FAZIT: DAS HANDY AN LAND LASSEN UND DEN ALLTAGSSTRESS WEGSTRAMPELN. DIESEN WEIHER HAT MAN (FAST) FÜR SICH ALLEIN.

Hin & weg: Wer möchte, läuft in einer knappen Stunde von Bad Schussenried bis zum Weiher. Die nächstgelegene Bushaltestelle liegt in Otterswang am Rathaus. Von hier aus geht man 24 Min. Direkt am See sind auch Parkplätze vorhanden.

Beste Zeit: Bis Anfang Oktober kann man täglich in See stechen. Mittwochs ist allerdings Ruhetag.

Dauer: 30 Min. oder doch gleich 1 Std.? Die Mietzeiten sind flexibel.

Ausrüstung: Ein Fläschchen Wein macht den Feierabend auf dem Weiher perfekt.

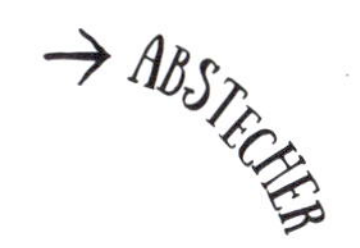

WO DIE WILDEN SCHWEINE WOHNEN

Es grunzt und quiekt, scharrt und schnauft im Tannenbühl bei Bad Waldsee. Dort leben in einem großen Wildtiergehege mitten im Wald Wildschweine, Mufflons, Rehe und Steinböcke. Ein beliebtes Ausflugsziel für Alt und Jung – umsonst und draußen.

#sauschön #wildeWälder #Tierebeobachten #sorichtigBock

Wildschweine sind Allesfresser. Neben Eicheln und Bucheckern stehen auch Pilze, Kräuter, Insekten und sogar kleine Säugertiere auf ihrem Speiseplan. Futter aus dem Automaten schmeckt aber auch.

Mit ihren langen Schnauzen graben die beiden Bachen im lockeren Boden unter einer alten Eiche nach frisch heruntergefallenen Früchten. Auf einmal stürmt eine ganze Horde Frischlinge herbei, die mit ihren karamellbraunen Streifen besonders gut in den Wäldern getarnt sind. Auch sie graben mit ihren winzigen Rüsseln kurz in der Erde, zeigen dann aber mit lautem Gegrunze an, dass ihnen ein Schluck Milch aus Mamas Zitze doch lieber wäre. Und so trottet die kleine Familie gemächlich in ein Schutzhäuschen, die Schweine-Dame wirft sich lässig auf die Seite und das Festmahl beginnt.

Hier im Tannenbühl, einem dichten Waldgebiet in der Nähe von Bad Waldsee, kommt man der heimischen Wildtier- und Pflanzenwelt ganz nahe. Ein gemütlicher Waldrundweg führt an sechs verschiedenen großen Gehegen vorbei, die auf den steilen Hängen der bewaldeten Moränenhügel angelegt sind. Neben den Wildschweinen sind hier auch Mufflons mit ihren mächtigen runden Hörnern, friedlich grasendes Rot- und Damwild und imposante Steinböcke zu Hause.

In deren Gehege ist gerade ordentlich was los: Der größte Bock mit den längsten Hörnern balanciert gekonnt über einen Baumstamm, um

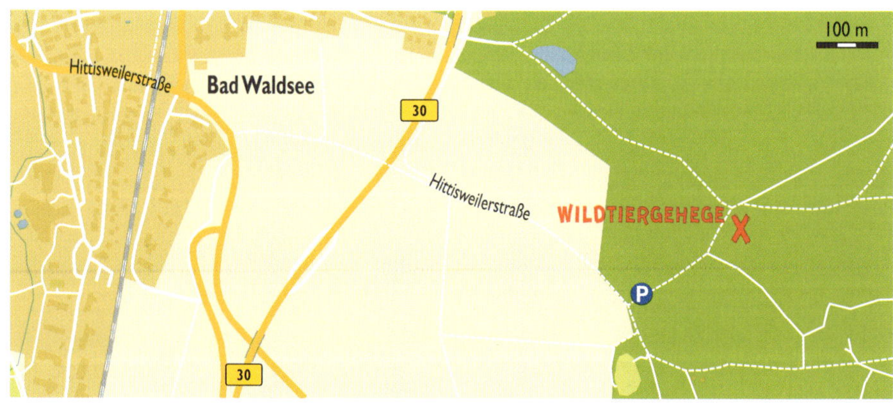

auf dem höchsten Felsen weit und breit seinen Platz einzunehmen. Von dort beobachtet er mit erfahrener Gelassenheit den spielerischen Hornkampf der jungen Wilden aus seiner Herde. Das Klackern des Futterautomats reißt die beiden Kontrahenten aus ihrer Trance und sie stürmen zum Zaun, wo sie mit gespitzten Lippen die grünen Pellets verschlingen.

Tiere, die keine Lust mehr auf menschliche Interaktion haben, können sich in die weitläufigen Tiefen ihres Waldstücks oder in eine kleine Schutzhütte zurückziehen. Und wohin ziehen sich die Besucher nach einer ausgiebigen Runde durchs Gelände zurück? Entweder zu einem Kraxel-Abenteuer zwischen den hohen Wipfeln im nahegelegenen Kletterpark (www.abenteuer-kletterpark-tannenbuehl.de) oder auf ein cremiges Hof-Gelato zum 30 Gehminuten entfernten Q-Eis Bühler (www.q-eis.de).

FAZIT: NASE AN RÜSSEL MIT WILDSCHWEIN UND CO. SO NAHE KOMMT MAN HEIMISCHEN WILDTIEREN SONST NUR SELTEN.

Hin & weg: Gerade einmal 30 Min. läuft man von Bad Waldsee zum Wildgehege. Wer lieber mit vier Rädern unterwegs ist: Vor Ort sind Parkplätze vorhanden.

Beste Zeit: Bei Wind und Wetter: Bei den Schweinen ist immer was los.

Dauer & Strecke: Um die 2 Std., um alle Gehege und Tiere zu beobachten.

Ausrüstung: Ein paar Münzen für den Futterautomat.

AUF ANNETTES SPUREN WANDELN

... in Meersburg am Bodensee

#14

Beste Seelage, tolle Weinberge und eine ganz besondere Einwohnerin prägen das Bild des schönen Örtchens Meersburg am Bodensee. Deutschlands bekannteste Dichterin, Annette von Droste-Hülshoff, wohnte und wirkte hier viele Jahre lang. Wer ihren Spuren folgt, entdeckt die schönsten Fleckchen der Stadt.

#amSchwäbischenMeer #Zeppelinezählen #Fürstenhäusle #LiteraturundKultur

→ ABSTECHER

Das um 1600 erbaute Fürstenhäusle steht mitten in den Weinbergen über der Stadt.

»Jetzt muss ich Ihnen auch sagen, dass ich seit acht Tagen eine grandiose Grundbesitzerin bin, ich habe das blanke Fürstenhäuschen nebst dem dazu gehörigen Weinberge erstanden«, schreibt Annette von Droste-Hülshoff 1843 glücklich in einem Brief an eine Freundin. Da hatte es sich die Schriftstellerin bereits seit zwei Jahren in der Stadt gemütlich gemacht. Mit ihrem ersten großen Gehalt, aus dem Verkauf ihres zweiten Gedichtbandes, und mit 46 Jahren machte sie sich selbst zur stolzen Besitzerin eines eigenen Weinbergs. Die Rebstöcke und das Fürstenhäusle stehen heute noch da, wo Annette sie nach ihrem Tod 1848 zurückgelassen hat – direkt über der historischen Altstadt von Meersburg.

Los geht die Entdeckungstour aber erst einmal an der schicken Seepromenade. Es ist noch recht früh am Morgen. Gerade werden die ersten Terrassenstühle rausgestellt. Ein paar Hunde drehen entlang der Bäume die erste Gassi-Runde und die Wellen des Bodensees schwappen leise gegen die Hafenmole. Über der friedlichen Szenerie schwebt langsam ein silberner Zeppelin dahin. Bodenseeidylle wie

aus dem Bilderbuch. Gemütlich flanierend geht's am Ufer entlang bis zur Anlegestelle des kleinen Fritz. Mittags kann man mit der Mini-Barkasse zur Blumeninsel Mainau übersetzen (www.frey-meersburger-bootsbetriebe.de). Jetzt wird aber erst mal die historische Steigstraße erkundet, die hinauf in Richtung Burg führt. Kleine Läden, urige Restaurants und bunte Fassaden alter Stadthäuser säumen den Weg. Eine Zugbrücke führt hinüber zur ältesten bewohnten Burg Deutschlands. Von 1841 bis zu ihrem Tod lebte Annette von Droste-Hülshoff hier bei ihrer Schwester in der Burg Meersburg. Ihr Arbeits- und Sterbezimmer kann man besichtigen (www.burg-meersburg.de).

Am Fuß der Treppe, die hinauf zum Garten des Neuen Schlosses führt, steht ihre Büste. Hier lohnt ein Abstecher durchs gusseiserne Tor, um den (kostenlosen) Ausblick vom eleganten Park aus auf See, Burg und Unterstadt zu genießen.

Gemütlich flaniert man nun weiter den Berg hinauf Richtung Obertor. Bevor man die Stadtmauern jedoch hinter sich lässt, gibt's erst

---

Hin & weg: Der RegioBus Konstanz - Ravensburg (Linie 700) fährt jeden Tag im Stundentakt zwischen Konstanz, Meersburg, Markdorf und Ravensburg.

Beste Zeit: Anfang Oktober kleiden sich die Weinhänge rund um die Stadt in die schönsten Herbstfarben.

Dauer & Strecke: Für den 3,3 km langen Weg braucht es 1–2 Std.

Ausrüstung: Wer mehr über Annette wissen möchte, schnappt sich in der Linzgau-Buchhandlung auf dem Weg zum Obertor den Roman Fräulein Nettes kurzer Sommer.

Straßen voller Geschichte: Die Stadt wurde nach der gleichnamigen Meersburg benannt, die erstmals 988 urkundlich erwähnt wurde und heute die älteste noch bewohnte Burg Deutschlands ist.

mal ein leckeres Frühstück im POP-Kaffeeladen (www.pop-derkaffeeladen.de). Croissant, Fruchtjoghurt und ein frischgepresster Saft sind schnell verdrückt. Jetzt noch einen schnellen Espresso an der Theke und es kann weitergehen.

Der beginnende Herbst hüllt die Weinberge hinter der Stadtmauer schon in leuchtende Töne. Annettes ganzer Stolz, das Fürstenhäusle mit seinen weißen Fensterläden, blitzt zwischen den gelben Weinblättern hervor. Treppen führen hinauf zu ihrem Lieblingsort – und, sobald man sich umdreht, kann man ihre Begeisterung sofort nachvollziehen. Dieser Panoramablick über den See ist einfach ein Gedicht!

FAZIT: EIN TAG AM (SCHWÄBISCHEN) MEER IST EIN KURZURLAUB FÜR DIE SEELE. NICHT NUR FÜR DICHTERINNEN UND DENKER, SONDERN AUCH FÜR DAUERGESTRESSTE ZU EMPFEHLEN.

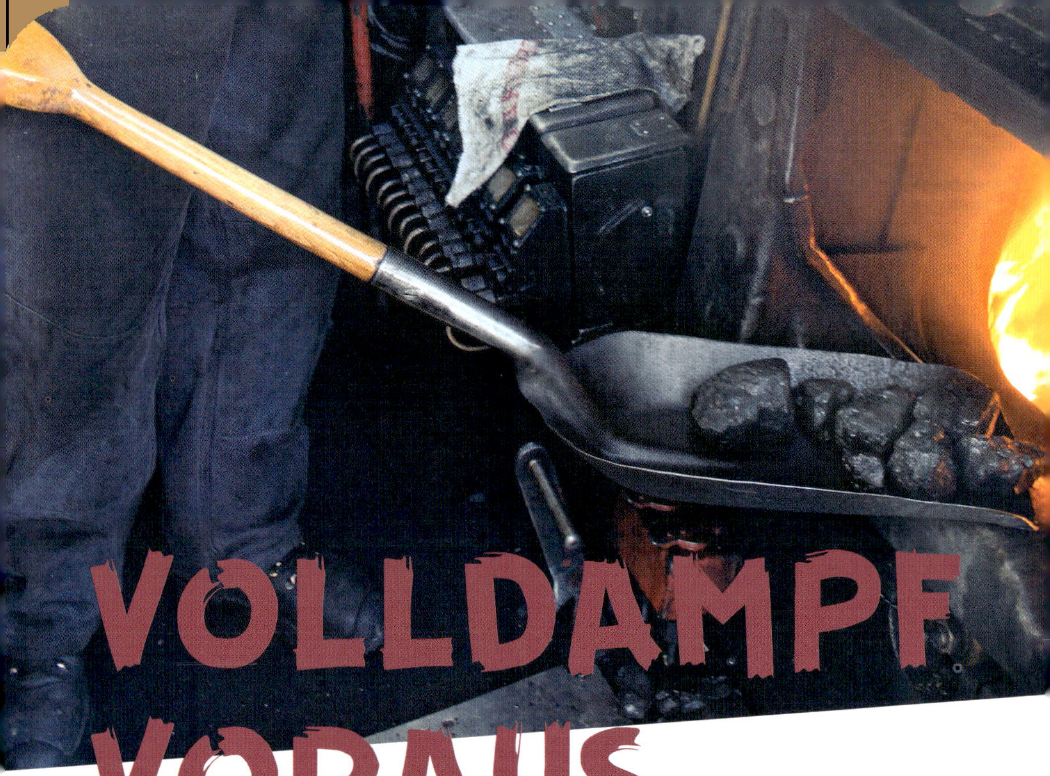

VOLLDAMPF VORAUS

… zwischen Warthausen und Ochsenhausen

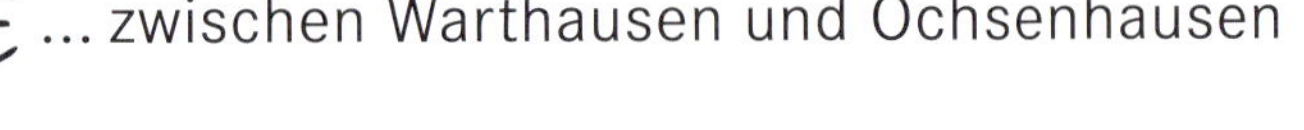

#15

Die letzte ihrer Art: Die schnaufende, dampfende Öchsle-Bahn ist die einzige noch erhaltene Schmalspurbahn der Region. Eine Fahrt mit ihr ist eine Reise zurück in die Zeit, als Württemberg noch ein Königreich war. Die alte Lokomotive verströmt heimelige Nostalgie – und ganz schön viel Rauch.

#GeschichteaufSchienen #schmaleSpur #dickeBerta #rollendesMuseum

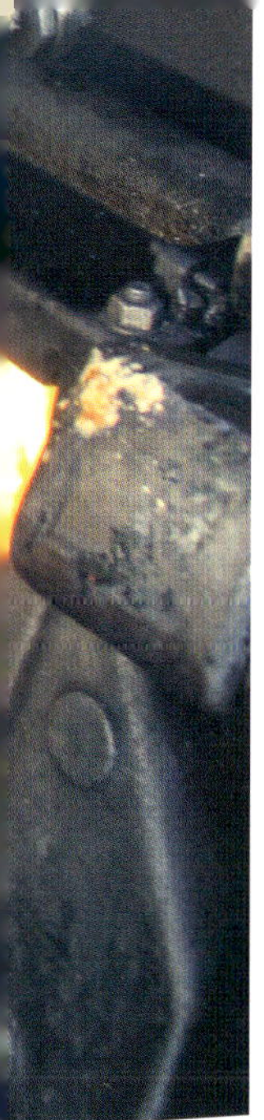

Online-Tickets? Gibt's hier nicht. Die würden ja auch den ganzen Spaß verderben. Am Bahngleis in Warthausen steht man, ganz wunderbar altbacken, erst mal in der Schlange, um schließlich die Fahrscheine am historischen Schalter zu kaufen. In welchem der nostalgischen Personenwagen wird denn nun am besten Platz genommen? Darf es das knarzige Holzbank-Abteil, eine Runde oben ohne im Cabrio-Wagen, oder doch lieber gleich der Speisewagen sein? Immerhin sitzt man dort direkt an der Most- und Zwiebelkuchen-Quelle. Profi-Tipp: Einfach überall einmal Platz und während der Fahrt die verschiedenen Wagen genauer unter die Lupe nehmen. Das ganz große Highlight ist ohnehin die pechschwarze, rußdampfende Berta, die gerade noch mal ordentlich vom Heizer mit Kohle gefüllert wird. Ein schriller Trillerpfeifenton. Dann: »Alleees einsteigen, bitteee!« Schnaufend und prustend nimmt die Lokomotive ihre 19 Kilometer lange Fahrt bis nach Ochsenhausen auf.

Holzfenster runterschieben, Kopf rausstrecken und die Haare ordentlich vom Fahrtwind zerzausen lassen. Kunterbunte Herbstfarben, winkende Radfahrer, grasende Kühe und wunderschön restaurierte Bahnhofsstationen von anno dazumal ziehen vorbei. Und auf einmal vergisst man tatsächlich ein bisschen, welches Jahr gerade ist.

Mit Schaffnermütze und Ticket-Knipser in der Hand, schiebt sich der Fahrkartenkontrolleur durch die Abteile. Ob seine Kollegen, die diesen Job hauptberuflich machen, wohl auch in so viele glückliche Gesichter blicken, sobald »Die Fahrkarten, bitte!« durchs Abteil schallt? Wohl eher nicht. Das ist eben die Öchsle-Magie.

Nach einer knappen Stunde Fahrt hält die Schmalspurbahn im beschaulichen Ochsenhausen. Seinen Namen verdankt das Örtchen einer Sage: Im 10. Jahrhundert soll hier ein Frauenkloster gestanden haben. Auf der Flucht vor einfallenden Ungarn mussten die Nonnen ihren Konvent aufgeben und ihre Kir-

Die schicken Personenwagen stammen alle aus der Anfangszeit des 20. Jahrhunderts. Der älteste Waggon wurde 1891 in Esslingen hergestellt. Eine echte Zeitreise.

chenschätze hastig auf einem Feld vergraben. Viele Jahre später trat ein Ochse beim Pflügen mit seinem Huf auf die Schatzkiste. Für die Menschen damals ein eindeutiges Zeichen von Gott – hier muss wieder ein Kloster gebaut werden. Gesagt getan, Ochsenhausen wurde nach dem tierischen Finder benannt. Das riesige Kloster prägt bis heute das Stadtbild.

Wer sich nach der Zugfahrt ein bisschen die Beine vertreten möchte, kann vom Bahnhof aus in einer Viertelstunde zu Fuß zum Kloster laufen. Dort liegt einer der schönsten Spazierwege Oberschwabens: der alte Gebetsweg der Mönche, der idyllisch entlang des Krummbachs verläuft. Aber bitte die Abfahrtszeiten nicht vergessen. Die dampfende Berta bringt ihre Gäste gerne wieder auf gleicher Strecke zurück zum Ausgangspunkt und somit auch ins Hier und Jetzt.

FAZIT: EISENBAHNROMANTIK VOM FEINSTEN. PERFEKT AUCH FÜR REGENTAGE, AN DENEN MAN MAL WIEDER NICHT WEIß, WAS MAN MACHEN SOLL.

Hin & weg: Die Regionalbahnen RS21 oder RS2 fahren von Ulm und Biberach bis nach Warthausen. Von dort dampft auch das Öchsle ab.

Beste Zeit: Abfahrt ist immer sonntags von Mai bis Oktober. Weitere Termine unter www.oechsle-bahn.de

Dauer & Strecke: Die Hin- und Rückfahrt dauert etwas mehr als 2 Std.

Ausrüstung: Jäckchen mitnehmen – durch den Fahrtwind kann's kühl werden.

SUNDAY FUNDAY

… im Wettenberger Ried

#16

Hand aufs Herz: Sonntagsspaziergänge mit der Familie können ganz schön öde sein, oder? Nicht, wenn man sich in ein Moor-Abenteuer stürzt. Kleine Pfade führen erlebnisreich durchs Wettenberger Ried – ein verwunschenes Doppelmoor, das immer noch ein echter Geheimtipp für Naturentdecker ist.

#Hochgeländ #Geheimtipp #Sonntagsspaziergang #MoorMagie

Moore sind echte Klimaschützer. Sie binden mehr CO_2 als jedes andere Ökosystem und können bei starken Regenfällen besonders viel Wasser aufnehmen und ihre Umgebung so vor Überschwemmungen bewahren.

Ups, fast dran vorbeigefahren. Wer zum Wettenberger Ried möchte, sollte auf den Wegen ab Hochdorf immer schön die Augen offenhalten. Das Navi versagt, die weißen Schilder nicht. An einem Maisfeld vorbei holpert man über einen steinigen Feldweg und ist auf einmal mittendrin: im größten zusammenhängenden Hochmoorgebiet des Landkreises Biberach.

Anders als seine berühmten Moor-Nachbarn in Bad Wurzach (Eskapade #19) oder bei Pfrungen (Eskapade #22) ist dieses Feuchtgebiet bei Touristen unbekannt. Wenn man auf den kleinen Pfaden durch den Wald bis zum Wettensee und wieder zurück überhaupt jemanden trifft, dann sind es Einheimische. Oder Frösche. Ein winziges Exemplar hüpft gerade verschreckt in den Torfkanal. Dessen Wasseroberfläche ist über und über mit grasgrünen Wasserlinsen bedeckt. Überhaupt ist der Artenreichtum in diesem kleinen Naturschutzgebiet enorm. An den hohlen Bäumen klopft der Buntspecht, Waldeidechsen sonnen sich am Wegesrand und mit etwas Glück flattert sogar ein seltener Argus-Bläuling vorbei.

Bis zu seinem heutigen Status als Naturschutzgebiet war es für das Wettenberger Ried allerdings ein langer Weg. Hier die Kurzversion, ein

kleiner Spaziergang durch die Erdgeschichte: Vor 180 000 Jahren schmilzt ein Gletscher. Er hinterlässt eine Senke. Unter dieser befinden sich wasserundurchlässige Erdschichten. Ein See entsteht. Die Verlandung setzt ein. Es bilden sich Wasenmoos und Wettensee. Menschen stechen fleißig Torf und entwässern das Gebiet für die Landwirtschaft. 1982 ist Schluss damit, die Natur erobert sich das Gelände zurück. Besonders eindrucksvoll ist die Renaturierung im Bannwaldgebiet zu beobachten, das sich rund um die Wasserflächen erstreckt. Baumstämme bleiben einfach dort liegen, wo sie umgefallen sind. Dazwischen treiben bereits neue kleine Kiefern und Fichten hervor. Hier entsteht der Urwald von morgen.

Und was gehört zu guter Letzt noch zu einem gelungenen Sonntagnachmittag in Oberschwaben dazu? Richtig, Kaffee und Kuchen natürlich. Beides gibt's im Landgasthof Lindenmühle (Linden 1, 88454 Hochdorf).

Hin & weg: Direkt am Eingang zum Moorlehrpfad befinden sich Parkplätze. Eine Anreise mit öffentlichen Verkehrsmitteln ist nicht empfehlenswert.

Beste Zeit: Im Moor gibt's das ganze Jahr über Spannendes zu entdecken.

Dauer & Strecke: Etwa 1 Std. für den 2,5 km langen Rundweg.

Ausrüstung: Wer all in gehen möchte, bringt Forscherlupe, Fernglas und ein Pflanzenbestimmungsbuch mit.

FAZIT: KLEINE FEINE RUNDE DURCH EIN RELATIV UNBEKANNTES MOORGEBIET. HIER HAT MAN SEINE RUHE!

ALLES IM FLUSS

... entlang des Schussentals

Romantisch schön fließt die Schussen zwischen Mochenwangen und Aulendorf durch ihr enges Tal, dem Bodensee entgegen. Die steilen Hänge und kleinen Wasserwege hat der Fluss über Jahrhunderte hinweg selbst erschaffen. Mittendrin liegt ein kleiner Geheimtipp: der Naturpool Felsenbädle.

#Füßebaden #Wasserkraft #SchwäbischerCanyon #ZiegenbockalsZiel

→ ABSTECHER

Die USA haben den Grand Canyon, Oberschwaben hat den Schussentobel: andere Dimensionen, gleiches Prinzip. Vor 12 000 Jahren befand sich an dieser Stelle der Ausläufer eines mächtigen Alpengletschers. Als dieser langsam schmolz, grub sich das Wasser seinen Weg durch die weichen Gesteinsschichten, um zum neu geformten Bodensee zu gelangen. Jahrhundertelang fraß sich die Schussen so durch den weichen Sandstein und formte nicht nur das tief eingeschnittene Schussental, sondern auch fünf bis sechs Meter tiefe Sandstein-Felsenbänke, die heute als Felsenbädle bekannt sind.

Gleich zu Beginn der Tour durch das Tal sticht einem ein menschengemachtes Ungetüm ins Auge: Die Papierfabrik Mochenwangen. Fabrikant Richard Müller lies diese 1868 errichten und beeinflusste das Tal der Schussen dadurch massiv. Um die Wasserkraft des einst mächtigen Flusses zur Energiegewinnung nutzen zu können, zwangen die Erbauer ihn in sein heutiges, enges Bett und legten eine Bahnstrecke entlang seines Verlaufs an. Der einst mächtige Strom verlor dadurch seine natürliche Kraft und fließt heute nur noch als kleiner Bach durch sein Korsett von Menschenhand.

Auf dem privaten Friedhof der Industriellenfamilie Müller steht auch das Grabmal des Gründers der Papierfabrik: Richard Müllers Büste thront direkt über seiner letzten Ruhestätte.

Wer seinen Blick von der seit 2015 stillgelegten Fabrik abwendet, entdeckt am linken Wegrand auch einige beinahe vollständig zugemauerte Rundbögen. Lebensmittel werden in den ehemaligen Erdkellern keine mehr gelagert, dafür haben Fledermäuse die unterirdischen Gewölbe als Winterquartier auserkoren. Schnell mal durchs Flugloch linsen, ob die Flügelträger zu Hause sind.

Jetzt aber nichts wie rüber über den Staukanal, denn dahinter wartet das Highlight der Tour. Ein paar Treppchen führen vom schmalen Wiesenweg aus hinab in den kleinen Schussen-Canyon. Auf einem der ausgewaschenen Felsen sitzend, kann man der Schussen bei ihrer Arbeit zusehen. Stetig fließt das Gewässer plätschernd über den harten Stein und formt natürliche Felsenpools. Schuhe aus und rein mit den Füßen. Das Wasser ist herrlich frisch. Früher war das Felsenbädle ein beliebter Ort zum Plantschen. Mit den Jahren ist es in Vergessenheit geraten und mittlerweile ein echter Geheimtipp.

Immer am Wasser entlang und an steilen Hängen vorbei führt der flache Kiesweg durch den

---

Hin & weg: Die Rundtour startet direkt am Bahnhof Mochenwangen. Dort verkehrt mehrmals täglich der RB91 von Aulendorf kommend.

Beste Zeit: Im Sommer kann man die Füße im Tobel baden. Im Herbst ist es besonders stimmungsvoll.

Dauer & Strecke: 3 Std. für den entspannten 11,6 km langen Rundweg.

Ausrüstung: Proviant und feste Schuhe nicht vergessen.

Mochenwanger Wald bis nach Durlesbach. Richtig, das ist eine der genannten Bahnhaltestationen im berühmten Lied Auf de schwäb'sche Eisebahne. Dem dort besungenen Bäuerle und seiner Ziege ist an der stillgelegten Station ein Denkmal gesetzt worden. Schnell ein Foto knipsen und eine Entscheidung treffen: Lieber noch knappe 1,5 Stunden weiter geradeaus bis nach Aulendorf laufen und mit dem Zug zurück zum Ausgangspunkt fahren, oder doch lieber direkt den Bogen schlagen und rundwandern?

FAZIT: VERSTECKTES NATUR-IDYLL DIREKT AN DER SCHUSSEN MIT POTENZIAL ZUM FOTO-HOTSPOT.

Egal wie man's macht, am Ende des Tages wartet im alten Bahnhofsgebäude von Mochenwangen (www.bahnhof1911.de) eine deftige Stärkung.

HOCH HINAUS UND STEIL BERGAB

… auf dem Gehrenberg

#18 *Die Farbe der Freiheitsstatue, den Eifelturm als Vorbild, die Aussicht unvergleichlich: Der Gehrenbergturm steht recht unscheinbar in der Landschaft zwischen Markdorf und dem Deggenhausertal, punktet dafür aber mit bestem Seeblick und Alpenpanorama. Nichts wie rauf, um sich einen Überblick zu verschaffen.*

#dasistjadieHöhe #aussichtsreich #LinzgauLiebe #Hausbergbesteigen

Zack und weg: 1911 kam es zu einem gewaltigen Erdrutsch, bei dem ein knapp 200 Meter breiter und 50 Meter tiefer Steilabfall, der sogenannte Gehrenbergrutsch, entstand.

Whiuuuu - der Wind pfeifft einem auf 734 Metern Höhe ordentlich um die Ohren und bringt die Metallkonstruktion des Gehrenbergturms leicht ins Wanken. Der Eifelturm in Paris diente seinen Erbauern im Jahr 1903 als Vorbild. Und tatsächlich erinnern der runde Eingangsbogen und die mit dicken Stahlschrauben fixierten Metallträger ein bisschen an das französische Pendant. Mit knapp 30 Metern, ist der Gehrenbergturm dann aber doch etwas kleiner geraten als das 300 Meter hohe Original. Dem fantastischen Ausblick, den man von der Aussichtsplattform hat, tut das aber keinen Abbruch.

Da! Auf dem Bodensee segeln kleine weiße Schiffchen. Und dort: Das muss die Zugspitze sein. Egal, ob man über Alpengipfel fachsimpeln, den Blick übers liebliche Deggenhausertal schweifen lassen, oder den Bauer nebenan bei der Obsternte beobachten will - von hier oben gibt es immer was zu sehen. Wer lieber steile Abfahrten als lange Aufstiege schätzt, ist mit seinem Mountainbike auf dem Gehrotrail genau richtig. Der 4,3 Kilometer lange Waldtrack startet etwas unterhalb des Gehrenbergturms. Je nach Können stehen drei unterschiedlich schwere Routen für MTB-Fans zur Auswahl.

Hin & weg: Vom Ravensburger Bahnhof aus mit dem Bus 700 oder 7537 bis Markdorf Bahnhof fahren. Direkt am Turm gibt es auch Parkplätze.

Beste Zeit: Der Turm ist das ganze Jahr über geöffnet, nachts allerdings geschlossen.

Dauer & Strecke: 3-4 Std. für die 11,5 km lange Rundwanderung von Markdorf aus. Ausrüstung: Festes Schuhwerk. Für den Gehro-Trail das Mountainbike und Helm nicht vergessen.

Aber wie kommt man eigentlich am besten hin, zum Aussichts-Hotspot auf dem Gehrenberg? Vom heimeligen Örtchen Markdorf führt eine anspruchsvolle Wanderrunde in knapp 3,5 Stunden auf den Hausberg und wieder zurück. Psst, ein Tipp für Lauffaule: Direkt vor dem Turm befindet sich auch ein kleiner Wanderparkplatz. Auch von dort kann man zu schönen Spaziergängen und Wanderungen aufbrechen. Einen guten Überblick über die schönsten Routen der Region bietet die Homepage www.gehrenberg-bodensee.de.

FAZIT: KLEIN, ABER FEIN UND MITTEN IN DER NATUR GELEGEN. TURMBESTEIGUNG FÜR KURZENTSCHLOSSENE, DIE WEITBLICK SCHÄTZEN.

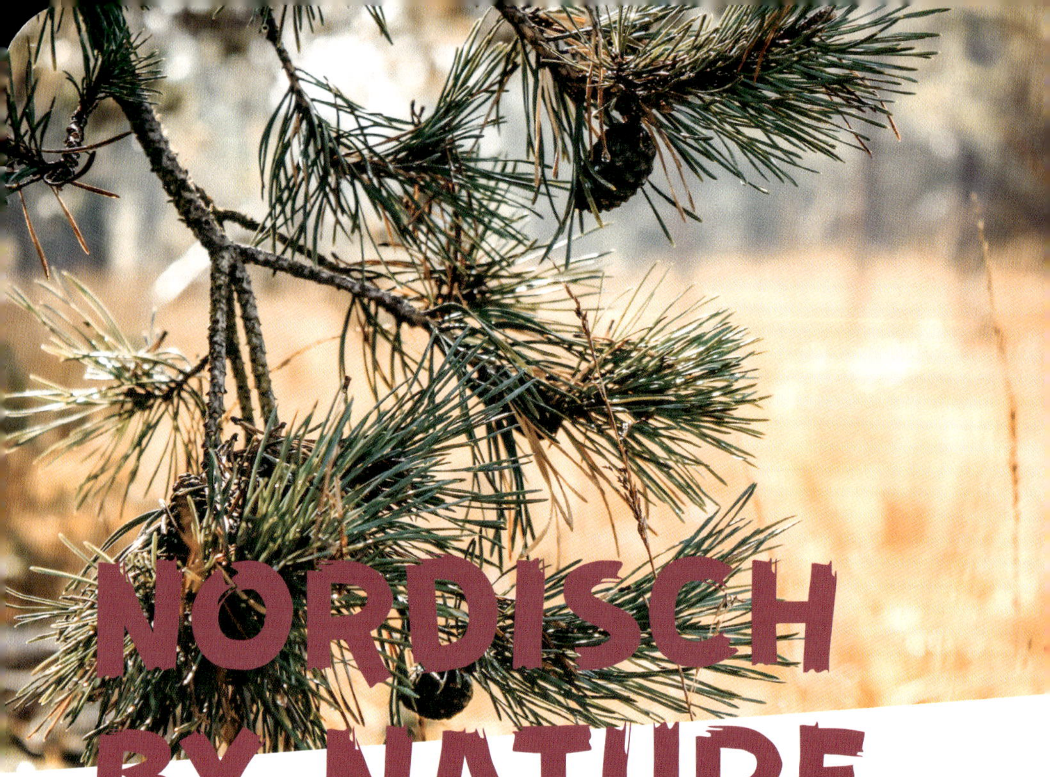

NORDISCH BY NATURE

... im Wurzacher Ried

#19

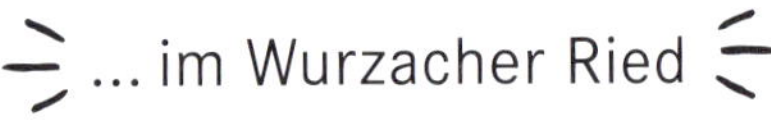

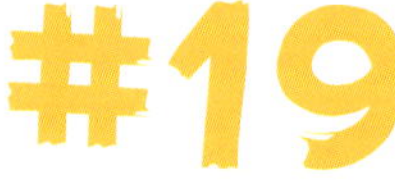

Schmale Birkenstämme, hölzerne Bohlenwege und schimmernde Moorseen: Skandinavien lässt grüßen. Der Torflehrpfad führt mitten durch die größte intakte Hochmoorfläche Mitteleuropas, die von der goldenen Herbstsonne eine Extraportion Glow verliehen bekommt.

#HalloHerbst #aufdemHolzweg #federndeSchritte #gimmeMoor

Abstecher …

Das Wurzacher Ried zählt zu den größten und bedeutendsten Moorgebieten Deutschlands.

Gleich mal die wichtigste Info vorab: Nein, im Moor kann man nicht versinken, denn der Schlamm hat eine größere Dichte als unser Körper. Stecken bleiben kann man aber sehr wohl. Also immer schön auf langen Bohlenwegen und ausgewiesenen Pfaden bleiben, die quer durch das riesige Naturschutzgebiet führen. Einen interessanten Einblick in die mehr als 200 Jahre alte Tradition des Torfabbaus im Wurzacher Ried bietet der Torflehrpfad »Auf den Spuren der Torfstecher«, der direkt am Zeiler Torfwerk beginnt. An ausgewählten Samstagen und Sonntagen tuckert von dort aus auch die tannengrüne Torfbahn (www.torfbahn.de) durchs Moor.

Aber was ist eigentlich Torf? Infos gibt's gleich an der ersten von insgesamt zwölf Hinweistafeln entlang des federnden Wegs: Das braune Gold besteht aus jahrtausendealten Pflanzenresten, die sich unter Ausschluss von Sauerstoff und aufgrund eines hohen Säuregehalts des Bodens unvollständig zersetzen. Es kann als Brennstoff, Dünger und Heilmittel verwendet werden.

Ganz schön faszinierend ist aber auch, was sich über den dicken Torfschichten abspielt: Samtig braune Moortümpel, Moorwälder voller Birken mit goldgelbem Herbstlaub, kleine Bachläufe und langsam verblühende

Heideflächen sind ein wahres Feuerwerk für die Sinne. Es blubbert, gluckst, schmatzt, summt, zwitschert und raschelt bei jedem Schritt. Ein riesiges Biotop. Dessen Artenreichtum, vom winzigen Moorfrosch bis zur seltenen Ringelnatter, haut einen fast aus den schlammigen Latschen.

Hin & weg: Von Aulendorf mit den Buslinien 7556 oder 7554 nach Bad Wurzach. Vom Bahnhof sind es 15 Min. zu Fuß bis zum Wanderparkplatz 1. Dort stehen auch ausreichend Parkplätze zur Verfügung.

Beste Zeit: Sonnenaufgang und Sonnenuntergang malen Magie ins Moor. Auch toll: Die flauschige Wollgrass-„Blüte" ab April.

Dauer & Strecke: 30 Min. für den 1,5 km langen Torflehrpfad. Weiterwandern ist kein Problem – 20 km markierte Wanderwege führen durchs Ried (www.wurzacher-ried.de).

Ausrüstung: Hobby-Fotografen sollten die Kamera zücken. Kleines Handtuch fürs Moor-Kneippen.

Tatsächlich darf man die Schuhe entlang des Pfads auch mal ausziehen und sich an der kleinen Kneippanlage neben dem mächtigen Riedsee die Füße schmutzig machen. Wer ein heilsames (und warmes) Vollbad im Moor nehmen möchte, kann das anschließend im Gesundresort Bad Wurzach (www.feelmoor.de) tun. Rund ums Moor dreht sich auch alles im Naturschutzzentrum Wurzacher Ried, wo man in der Ausstellung Moor Extrem noch tiefer in die einzigartige Landschaft mit ihren vielen vom Aussterben bedrohten Tier- und Pflanzenarten eintauchen kann.

Entstanden ist das Wurzacher Ried übrigens im Laufe der letzten drei Eiszeiten, als

Auch der Urvater des Kneippens, Kaltwassertherapeut und Oberschwabe Sebastian Kneipp, empfahl zu seinen Lebzeiten Moortreten als schonende Abhärtungsmethode für den Körper. Also, nichts wie rein in den Schlamm!

die massiven Kräfte des Rheingletschers die Hügel des Allgäus bildeten und im heutigen Moorgebiet ein tiefe Mulde formten. Danke liebe Eiszeit. Hier hast du dich mal wieder selbst übertroffen.

FAZIT: DER HERBST BRINGT DIE NATUR DES RIEDS NOCH EINMAL KRÄFTIG ZUM STRAHLEN.

EIN FROSTIGES VERGNÜGEN

#20

Rauf auf den Steg und mitten rein in den Federsee. Klar, dass diese Attraktion ein beliebtes Ausflugsziel ist. Wer aber an einem eisigen Wintermorgen vorbeikommt, kann das Naturparadies ganz für sich alleine genießen.

#Eiszeit #WinterWonderland #derfrüheVogel #Sonnenaufgang

Funkelnde Eiskristalle, sanftes Licht, wogendes Schilfrohr: Beim Morgenspaziergang über den Federseesteg fühlt man sich wie im Märchen.

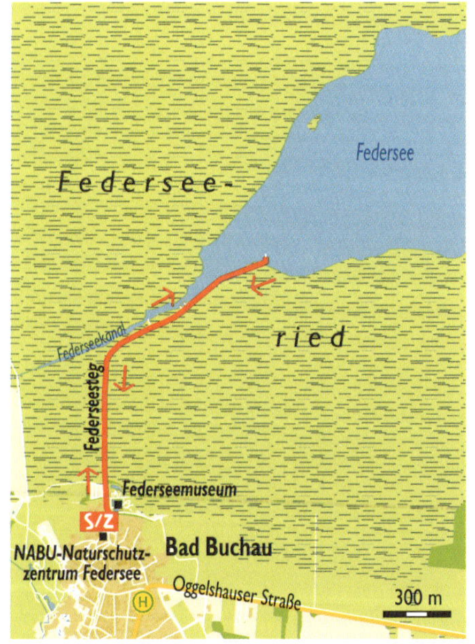

Leise knirscht der Frost unter den Schuhsohlen. Doch sobald man stehen bleibt, herrscht eine wunderbare Stille, die sich wie feine Watte auf die Ohren legt. Ein schmaler orangegelber Streifen am Horizont verrät, dass es nun nicht mehr lange dauern kann, bis die Sonne aufgeht. Ihre ersten, sanften Strahlen

---

Hin & weg: Von Biberach oder Bad Schussenried mit dem Bus bis Bad Buchau. Der Federsee liegt 15 Gehminuten vom Ortskern entfernt.

Beste Zeit: Zu jeder Tages- und Jahreszeit ein Highlight. Tierbeobachtungen sind früh am Morgen besonders häufig. Der Steg ist rund um die Uhr zugänglich.

Dauer & Strecke: 1 Std. für den Steg, 1–2 Std. fürs Erkunden der Umgebung.

Ausrüstung: Fernglas, Kamera und Thermoskanne mit Tee.

Tea time. Während ringsherum das Eis auf dem zugefrorenen See knirscht, sorgt der dampfende Tee aus der mitgebrachten Thermoskanne für wohlige Wärme im Bauch.

sorgen fürs ganz große Kino: Der lange, von Eiskristallen bedeckte Holzsteg, auf dem man mitten hinaus auf den Federsee läuft, glitzert plötzlich so magisch schön, als wäre er von der Schneekönigin höchstpersönlich verzaubert worden.

Links und rechts des Stegs schwingen die ebenfalls von Frost überzogenen Schilfgräser sanft im Wind und sprühen einen feinen Nebel aus kleinen Schneekristallen in die Morgensonne. Winzige Regenbogen entstehen und vergehen. Und wenn dann auch noch ein paar Vögel aus dem Schilf flattern, dem gleißenden Licht entgegen, ist er da: Der perfekte Moment, von dessen unglaublicher Schönheit man noch lange erzählen wird.

An einem kleinen Beobachtungshäuschen wird die Thermoskanne ausgepackt. Den heißen Tee schlürfend, beobachtet man, wie ein Schwan durch einen kleinen Teil des Sees gleitet, der noch nicht vollständig zugefroren ist. Jetzt im Winter kann man mit etwas Glück und Geduld auch seltene Gäste wie den Gänsesäger (am roten Schnabel zu erkennen) oder die habichtartige Kornweihe im Wasser, zwischen den Schilfgräsern oder am Himmel entdecken.

Sobald die große Beobachtungsplattform am Ende des Stegs erreicht ist, hat sich auch die Sonne endgültig ihren Platz für den Tag am Himmel erobert. Nun kann man die 1,4 Quadratkilometer große Wasserfläche in ihrer ganzen Pracht bestaunen. Auch ein Naturfotograf mit ellenlangem Objektiv im Anschlag ist mittlerweile hier, um das erwachende Leben auf und im See abzulichten. Wer selbst kein geschultes Auge für bestimmte Vogel- und Tierarten hat, kann das ganze Jahr über an spannenden Führungen durch die Federseenatur mit den Expertinnen und Experten des NABU-Naturschutzzentrum Federsee (www.nabu-federsee.de) teilnehmen.

FAZIT: ZU RECHT EINES DER BELIEBTESTEN AUSFLUGSZIELE DER REGION. FRÜHMORGENS GENIEßT MAN DIESEN ORT ABER NOCH GANZ FÜR SICH ALLEINE.

2. KAPITEL AUSFLÜGE

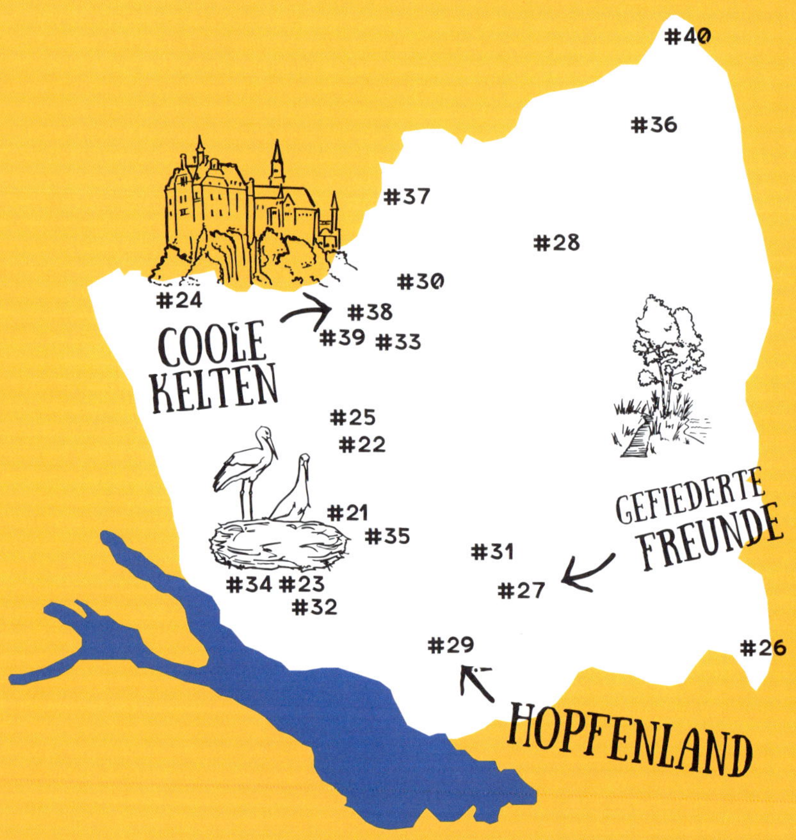

Raus für einen Tag

12H

Die ganze Welt auf kleinstem Raum: Afrikanische Strauße, skandinavische Landschaften und sogar das Auenland – alles nur einen Tagestrip entfernt.

IMMER DER NASE NACH

... rund um Heiligenberg

#21

Im Frühling liegt im Heiligenberger Wald ein ganz besonderer Duft in der Luft: eine feine Knoblauchnote. Denn überall entlang der Wege und Hänge sprießt dann Bärlauch im Überfluss hervor. Körbchen schnappen und lossammeln.

#Bärlauchsammeln #Frühlingschnuppern #Waldbaden #SchlossimBlick

Feine Spürnasen erschnuppern den Duft des Bärlauchs im Wald schon von Weitem.

Das Wichtigste zuerst: Was nicht wie Bärlauch riecht, ist auch kein Bärlauch. Um eine Verwechslung mit giftigen Maiglöckchen und Herbstzeitlosen auszuschließen, hilft es, sich die Blattunterseite und den Stängel genauer anzuschauen. Bärlauchblätter haben eine matte Unterseite und jeweils einen eigenen dreikantigen Blattstängel.

Wer sich beim Sammeln nicht ganz sicher ist, tourt einfach so durch den von frischem Grün durchzogenen Wald. Denn auch ohne Ernteglück ist dieser im Frühling unbedingt einen Besuch wert. Am Ausgang des Örtchens Heiligenberg führt ein breiter Forstweg mitten hinein in die blühende und sprießende Natur. Auf den ersten Metern geht's durch einen Friedwald, bevor sich der Waldpfad mal bergab, mal bergauf in Richtung Burgruine Alt-Heiligenberg schlängelt. Ein kleines Schutzhäuschen aus Holz markiert den Platz, an dem einst die Burg der Vögte und späteren Grafen stand. Zeit für eine kleine Trinkpause mit Traumblick: Das Schloss Heiligenberg, die neue Wohnstätte der Grafen, ist in seiner ganzen Pracht von hier aus zu sehen und auch die schneebedeckten Alpen sorgen für einen spektakulären Ausblick.

Nun führt der Weg immer weiter bergab in den Frickinger Tobel hinein. Die von einem kleinen Bach durchzogene Schlucht ist ein wahres Bärlauch-Paradies. Der Waldboden ist übersät mit den sattgrünen Pflanzen, denen entgiftende und kreislaufstärkende Eigenschaften nachgesagt werden. Beim vorsichtigen Pflücken macht man sich schon mal Gedanken, was man aus dem vielen Bärlauch

Prunkvoller Prachtbau: Das Renaissance-Schloss Heiligenberg wird privat von Erbprinz Christian zu Fürstenberg und seiner Familie bewohnt. Daher können die alten Mauern nur von außen bestaunt werden.

zaubern könnte. Schnell und easy geht beispielsweise das hier:

Bärlauchbutter

150 g Butter
50 g Sonnenblumenöl
100 g Bärlauch
Den Bärlauch kräftig abbrausen, trocknen und kleinschneiden. Dann alle Zutaten mit einem Pürierstab zerkleinern und auf einem frischen Stück Brot genießen. So einfach, so gut!

Was der Frühling noch so alles zu bieten hat, zeigt der Rückweg Richtung Heiligenberg entlang der Weiherwiesen. Hier stehen Wiesen und Obstbäume bereits in voller Blüte und überall summen und brummen Insekten fleißig auf und ab. Ein schöner Ort für eine kleine Rast unter einem weiß blühenden Apfelbaum, bevor es zum Abschluss der Tour noch mal stramm bergauf zu den Freundschaftshöhlen geht. Dort lebten im 17. Jahrhundert einige Bedienstete des fürstlichen Hauses in den Felsenbögen, an denen noch heute ein schmaler Zugangspfad vorbeiführt. Auch wenn mittlerweile ein dickes Holzgeländer zwischen dem steilen Abhang vor den Höhlen und den eigenen Wanderschuhen liegt, kann man sich noch gut vorstellen, wie gefährlich der Heimweg für die damaligen Bewohner bei Wind und Wetter gewesen sein musste. Ihren prächtigen Arbeitsplatz hatten die armen Angestellten dafür immer genau im Blick: Das Renaissanceschloss Heiligenberg ist von hier aus bestens zu sehen.

FAZIT: ABWECHSLUNGSREICHE WALD- UND WIESENTOUR MIT ALPENBLICK UND FRÜHLINGSDUFT.

Hin & weg: Die Buslinie 7380 verkehrt mehrmals täglich zwischen Pfullendorf und Heiligenberg. Am Rathaus stehen Parkplätze zur Verfügung, auch für Wohnmobile.

Beste Zeit: Die Bärlauchsaison beginnt in der Regel im April.

Dauer & Strecke: 3,5 Std. für die 9,1 km lange Runde durch den Wald.

Ausrüstung: Körbchen für den Bärlauch und wetterfeste Kleidung.

#22

Ried-Rinder, Biber, Moorfrösche, Störche und Sumpfschildkröten: Das Hochmoorschild des Pfrunger-Burgweiler Rieds steckt voller Leben. Auf dem Wanderweg Großer Trauben geht's auf Holzbohlen mitten hinein ins Naturparadies. Die Kamera immer im Anschlag.

#Riedsafari #Tierbeobachtung #gimmeMoor #BigFive

Viele Wege führen durchs Ried. Vom kompakten Riedlehrpfad (3,7 Kilometer) bis zur 11,5 Kilometer langen Weite-Wiesen-Tour ist für jeden Geschmack etwas dabei.

Das grün-weiße Dreieck gleich hinter dem Mini-Parkplatz von Ulzhausen zeigt es schon an: Naturschutzgebiet. Ab hier wird's wild und grün. Am Wegesrand wächst meterhoch

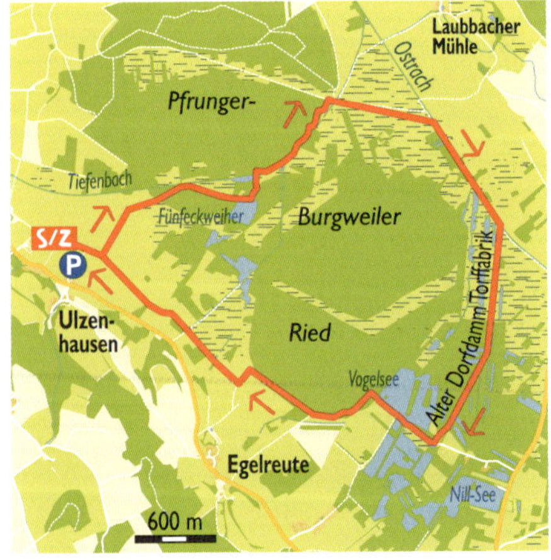

und dicht das Röhricht und die erste Tierbeobachtung lässt nicht lange auf sich warten. Dutzende winzig kleine Grasfrösche hüpfen flink in den Schutz der langen Gräser und des dahinterliegenden Wasserkanals. Schnell die Kamera zücken und ganz ruhig stehen bleiben. Klick – schon ist der erste Wildtierschnappschuss im Kasten.

Sanft wippend marschiert man nun über einen langen Holzsteg mitten hinein in den Moor-Bannwald. Links ragen lange abgestorbene Birkenstämme mystisch aus dem Sumpfgewässer. Rechts erstreckt sich malerisch der Fünfeckweiher. Eine Schwanenfamilie gleitet lautlos durch die schimmernde Oberfläche, in der sich die Wolken spiegeln. Wer sich das traumhafte Naturgemälde ganz genau anschauen will, nimmt einfach für ein paar Minuten auf der großen Aussichtsplattform Platz und taucht in den stillen Zauber ein. Na, wer entdeckt die abgenagten Baumstämme am Weiherufer? Ein eindeutiges Zeichen. Hier haust ein weiterer Kandidat der Big Ried Five: Der Biber. Ganze 15 Biberfamilien stauen hier die Wasserläufe auf und sorgen so dafür, dass

---

Hin & weg: Am besten fährt man direkt den Wanderparkplatz Ulzhausen an, um in die Wanderung Großer Trauben zu starten.

Beste Zeit: Zwischen April und Oktober. Aber auch im Winter sehenswert.

Dauer & Strecke: Mit Bannwaldturm-Besteigung und Picknick-Pause ca. 4 Std. für die 9,6 km lange Strecke einplanen.

Ausrüstung: Eine gute Kamera und viel Zeit zum Beobachten.

Bitte nicht streicheln! Ried-Rinder werden lieber angeguckt als angefasst. Wie bei jeder Safari gilt auch hier die Devise: Immer einen respektvollen Abstand zu den Tieren halten.

das Moor sich immer weiter ausbreitet. Wer die possierlichen und scheuen Nager vor die Linse bekommen möchte, muss in der Dämmerung vorbeikommen. Gerade ergibt sich aber noch eine ganz andere Foto-Gelegenheit. Eine Sumpfschildkröte reckt ihr Köpfchen aus dem Wasser. Da hat sich das Warten gelohnt.

Weiter geht's auf tannennadelweichen Wegen und Holzstegen bis zum hoch aufragenden Bannwaldturm. Klackernde Schritte führen rauf auf die knapp 40 Meter hohe Konstruktion. Von oben hat man eine tolle Aussicht auf das Moorgebiet und die umliegenden Wälder. Da! Die nächste Tiersichtung. Auf den feuchten Wiesen stolzieren ein paar Störche langbeinig auf Futtersuche umher. Zu guter Letzt zeigt sich dann auch noch das imposanteste Exemplar der Ried Five: Das bullige Ried-Rind mit seinen ellenlangen Hörnern. Eine ganze Herde spaziert gemütlich am Wanderweg vorbei und genehmigt sich erst mal ein kleines Bad in einem Schlammloch. Mehr Safari-Feeling geht nun wirklich nicht.

Übrigens: Wer mehr über das Ried und seine tierischen Bewohner erfahren möchte, kann nach der Wanderung noch einen Abstecher in die Ausstellung des Naturschutzzentrums Wilhelmsdorf (www.pfrunger-burgweiler-ried.de) unternehmen.

FAZIT: AFRIKA HAT DIE BIG FIVE. OBERSCHWABEN DIE RIED FIVE. MIT GEZÜCKTER KAMERA GEHT'S AUF NATURERKUNDUNGSTOUR.

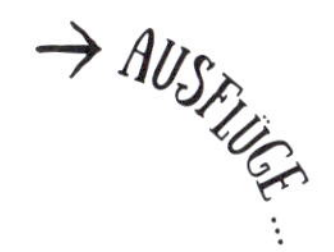

PIRATEN UND POMMES

#23

Alles klar machen zum Entern: Im Schlosssee Salem liegt ein hölzernes Piratenschiff vor Anker. Mutige Wasserratten springen hier an heißen Sommertagen vom Deck direkt ins kühle Nass. Das Beste an diesem Freibeuter-Freibad: Der Eintritt ist frei.

#SommeramSee #Naturfreibad #SonnencremeSerenade

Was gibt's Besseres als einen Sommertag am See? Richtig, gar nichts. Dank Sonnenschirm und einem beherzten Sprung ins Wasser lässt es sich hier definitiv viele Stunden aushalten.

Um auf die einsame Robinson-Insel zu gelangen, braucht es schon ein bisschen Geschick. Über Sticke und Holzpfähle hinweg balanciert man auf das bewaldete Eiland zu, vor dessen Ufer ein mächtiges Piratenschiff vor Anker liegt. Echte Seeräuber gibt's an Bord natürlich keine, dafür lässige Hängematten, einen 1A-Ausguck und eine kleine Mutprobe: Der Sprung vom drei Meter hohen Schiffsdeck, mitten rein in den Schlosssee. Dieser entstand in den 1950er Jahren durch intensiven Kiesabbau. Heute sind die Bagger einer riesigen Liegefläche aus weichem Gras, kleinen Sandbuchten und einem schicken, reetgedeckten Kiosk- und Bademeisterhäuschen gewichen.

Das Wasser ist glasklar und angenehm frisch. Perfekt für eine Abkühlung an einem heißen Sommertag. In schönstem Bruststil geht's von der Naturinsel aus wieder an Land und ab zu einer Partie Tischtennis. Danach noch schnell eine Portion Pommes, eine Süße Tüte und ein kühles Getränk am Verkaufsfenster des Seecafés mitnehmen und sich damit glücklich aufs Badetuch plumpsen lassen. Jetzt noch eine Runde Mau Mau und man fühlt sich direkt in die eigene Kindheit zurückversetzt – als die Sommerferien nie enden wollten und man erst vom Baden nach Hause kam, wenn die Sonne schon untergegangen war.

Und danach? Genüsslich in der Sonne fläzen, sich von der Seilbahn ins Wasser schwingen, den Gänsen beim Plantschen und Gründeln zuschauen oder einfach mal den See zu Fuß umrunden. Ein 2,5 Kilometer langer Naturerlebnisweg führt komplett um das große Gewässer herum. Von den langen Holzstegen aus, die mitten ins Wasser gebaut wurden, lassen sich die tierischen Seebewohner beobachten. Im Wasser tummeln sich Felchen und Zander, auf dem Wasser dümpeln träge ein paar Enten umher. Und immer wieder tauchen am Ufer kleine Aussichtsplattformen auf, die einen tollen Blick hinüber zum Badebereich bieten. Mit einem leisen „Pflatsch" landet dort gerade wieder ein waghalsiger Springer neben dem Seeräuberkahn im Wasser. Na gut, überzeugt. Einen Hüpfer in den See gibt's nachher noch. Oder zwei, oder drei ...

Rund um den See findet jeder sein Lieblingsplätzchen. Die heimischen Graugänse machen gerne ein bisschen Platz auf den ausladenden Liegewiesen. Und wer möchte, kann sogar am Sandstrand chillen.

FAZIT: EIN TOP GEPFLEGTER BADESEE MIT HERVORRAGENDER WASSERQUALITÄT, SCHÖNEN LIEGEWIESEN UND BLITZBLANKEN SANITÄRANLAGEN.

Hin & weg: Die Buslinen 7381, 7396, 7397 und 7399 fahren alle bis zum See. An der Haltestelle Schlossseeallee aussteigen. Parkplätze sind ebenfalls vorhanden.

Beste Zeit: Badesaison ist von Anfang Mai bis Ende September.

Dauer: Bis die Hände schrumpelig werden.

Ausrüstung: Sonnenschirm, Kartenspiel und die besten Freunde oder die Familie mitbringen.

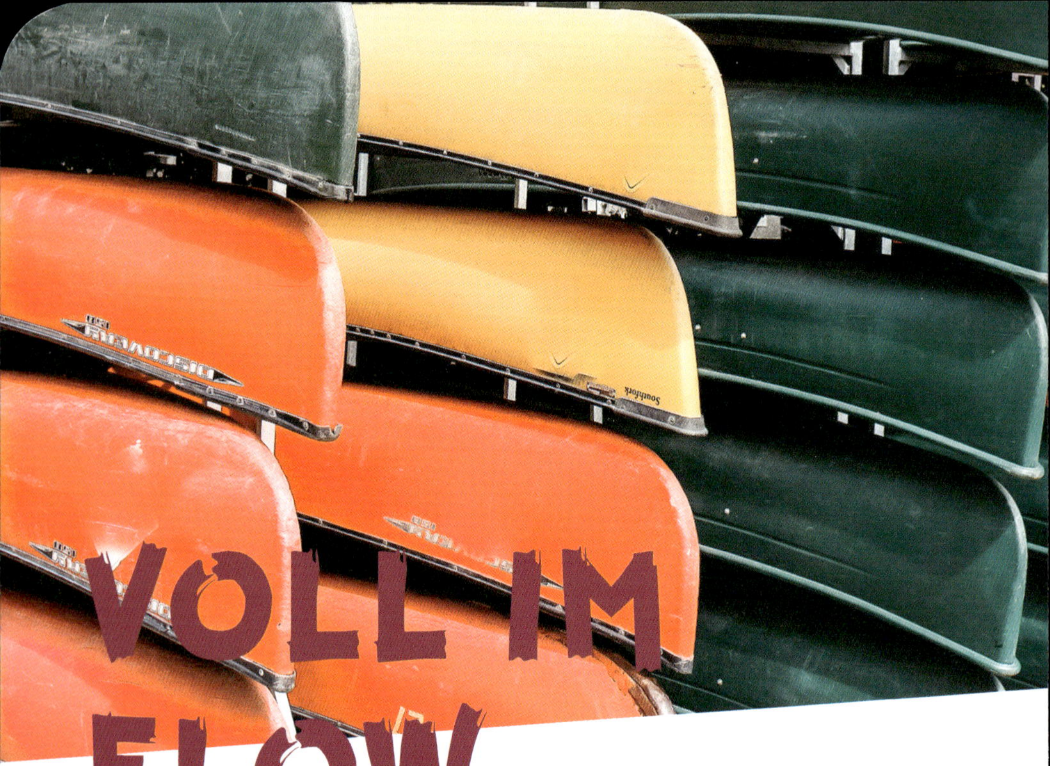

VOLL IM FLOW

... mit dem Kanu auf der Donau

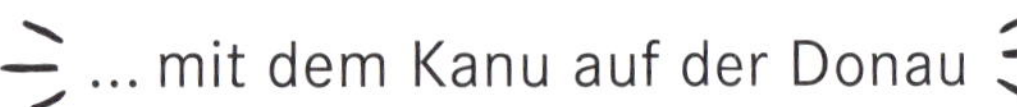

#24

Die Donau ist nicht nur der zweitlängste Fluss Europas, sie bildet auch die geografische Grenze zwischen Oberschwaben und der Schwäbischen Alb. Im Kanu lässt man sich lässig an teuflischen Brücken, majestätischen Felsen und lieblichen Auen vorbeitreiben.

#Stresswegpaddeln #spritzigesVergnügen #Donauwellen #Kanadierfahren

Haltung bewahren: Wer aufrecht sitzt, hat mehr Kraft in den Armen und hält länger durch.

Noch bevor das knallrote Zweierkanu die Wasseroberfläche berührt, gilt es eine Frage zu klären: Wer sitzt wo? Ganz einfach: Die schwerere Person nimmt hinten Platz, die leichtere vorne. Jetzt noch schnell die Wertsachen in der kleinen wasserdichten Tonne verstauen, die Schwimmweste anlegen und sich die richtige Paddelhaltung beim Kanu-Guide abschauen. Dann kann das Kanuabenteuer auch schon losgehen. Dank eines sanften Stupsers treibt das Boot vom Uferrand weg. Ab jetzt übernimmt die gemächlich fließende Donau die Regie. Das Stechpaddel taucht glucksend ins Wasser ein und nach ein paar kümmerlichen Steuerungsversuchen, die das Boot der Uferböschung wieder gefährlich nahebringen, setzt schon bald der Paddel-Flow ein. Im Gleichklang verschwinden die Paddel nun im Fluss und schicken bei jedem neuen Schlag feine Wassertröpfchen ins Innere des Boots.

Nicht nur über dem Wasser leuchtet die Natur wunderbar grün. Auch unter dem Boot tut sich ein dichter Wald auf. Die langen Pflanzenstränge sind ein Zeichen für besonders gute Wasserqualität.

Unter dem Rumpf schwebt grünes, langes Seegras dahin und am Ufer zieht eine der schönsten Flusslandschaften Europas vorbei. Das Donautal ist für seine steil abfallenden Felswände, sanfte Auen und menschenleere Landschaftsabschnitte bekannt. Insgesamt ist der junge Fluss zwischen Hausen im Tal und Sigmaringen auf 21 Kilometern Länge mit dem Kanu befahrbar. Die Einsatzstelle Gutenstein liegt etwa auf halber Strecke. Die 10 Kilometer bis zum Ziel eignen sich perfekt für eine Tagestour auf dem Wasser.

Nach einer dreiviertel Stunde taucht die Dietfurter Mühle samt wehrhafter Burgruine im Hintergrund auf. Jetzt heißt es „Alles raus aus dem Boot", denn das Wehr hinter der Mühle muss umtragen werden. Wenn man schon mal festen Boden unter den Füßen hat, kann man auch gleich an der Grillstelle des Gasthauses (www.muehle-dietfurt.de) ein Feuer entfachen, sich direkt aus der Küche mit Grillgut beliefern lassen, oder mitgebrachte Würstchen brutzeln.

Gut gestärkt geht's nun immer weiter flussabwärts bis nach Inzigkofen. Dort wartet ein

Den Amalienfelsen kann man nicht nur vom Kanu aus bewundern, sondern auch besteigen. Dafür wählt man am besten den 13,2 Kilometer langen Kloster-Felsenweg, der im Örtchen Laiz beginnt und endet.

ganz besonderes Juwel am Uferrand. Der fürstliche Park. Unter einer Metallhängebrücke hindurch paddelt man direkt auf den majestätischen Amalienfelsen zu. „Andenken an Amalie Zephryrine“ steht dort in riesigen Lettern geschrieben. Wer diese Amalie war? Eine französische Fürstin, die 1782 in das Haus Hohenzollern-Sigmaringen hineinverheiratet wurde. Zwischen den Felswänden und Höhlen an der Donau ließ sie einen schicken Landschaftsgarten anlegen. Dessen Highlight: Die Teufelsbrücke, die am rechten Uferrand gespenstisch über der Höllschlucht zu schweben scheint. Noch nicht genug geschaudert? Dann sorgt vielleicht die Wasserrutsche des Wehrs im nahegelegenen Örtchen Laiz für einen kribbelnden Gänsehautmoment. Paddel aus dem Wasser und stockgerade darüber hinwegrauschen. Nun sind es nur noch wenige Schläge bis zur Ausstiegstelle. Ein Gefühl nimmt man aber mit an Land: Alles ist im Fluss.

Hin & weg: Die Boote werden in Gutenstein eingesetzt. Von Sigmaringen aus geht's mit dem Taxi oder der Buslinie 450 zurück zum Ausgangspunkt.

Beste Zeit: Zwischen Mai und Oktober, wenn die Donau genügend Wasser führt. Eine vorherige Anmeldung ist erforderlich (www.donautal-kanuverleih.de).

Dauer & Strecke: Etwa 4,5 Std. mit Paddelpause (ca. 10 km).

Ausrüstung: Kleidung, die nass werden darf und wasserdichte Smartphonehülle.

FAZIT: EINFACH MAL DIE KONTROLLE ABGEBEN UND SICH TREIBEN LASSEN. IM KANU KEIN PROBLEM, VERFAHREN KANN MAN SICH NICHT.

DIEBISCHE FREUDE

… entlang der Räuberbahn bei Pfullendorf

#25

Ein Blitzschlag beendete sein Leben. Seine Legende wabert bis heute durch die dichten Wälder: Der Schwarze Vere war und ist der berühmteste Räuber Oberschwabens. Auf seinen Spuren wandelt man inzwischen sanft und sicher durch einst gefährliche Wälder zwischen Burgweilen und Pfullendorf.

#SchwarzerVere #Räuberbahn #durchdenwildenWald #sagenhaft

Oberschwaben steckt voller Sagen und Legenden. Kein Wunder bei dieser mystischen Umgebung.

Der schöne Fritz, der einäugige Fidele und die Günzburger Sephe – sie alle gehörten der wilden Bande von Räubern an, die in den Wäldern zwischen Württemberg, Baden und Hohenzollern-Sigmaringen im 19. Jahrhundert ihr Unwesen trieben. Ein Zuständigkeiten-Wirrwar an kleinen Staaten und vielen Grenzen machten es den Banden damals leicht, unentdeckt zu bleiben. So gelangen auch dem berüchtigtsten Räuberhauptmann von allen, Franz Xaver Hohenleiter, zahlreiche Beutezüge.

Durch das Diebesterritorium des Schwarzen Vere führen heute schöne Wanderwege – und die Schienen der Räuberbahn. Der von der Sommersonne angestrahlte Feldweg, der von

der Bahnhaltestelle Burgweiler an goldenen Weizenähren vorbei zum Örtchen Kalkreute führt, wirkt erst mal alles andere als bedrohlich. Und auch die Besitzer der alten Gehöfte im Ort scheinen keine Ganoven mehr zu fürchten. In den Vorgärten blüht strahlend -gelb der Sonnenhut, der Dorfbrunnen plätschert beruhigend vor sich hin. Das einzige Warnschild weit und breit macht auf kreuzende Enten aufmerksam. Vor 200 Jahren ging es da deutlich bedrohlicher zu: Mit Messern und Pistolen bewaffnet, drangen die Räuberbanden im Sommer in kleine Weiler und Gehöfte ein, um Schmuck, Essen und sogar Wäsche zu stehlen. Um große Schätze ging es ihnen dabei nicht. Viel mehr sicherten sie sich mit den Überfällen ihren Lebensunterhalt. Denn meist war es die bittere Armut, die die Menschen in die Kriminalität und das unstete Leben in den Wäldern trieb.

Sobald sich das dichte Grün des Naturschutzgebiets Taubenried um den Weg schließt, lässt sich gut erahnen, wie die Räuber im Dickicht der mächtigen Moorwälder Schutz suchten, ihre Beute aufteilten und ein Lager für die Nacht aufschlugen. An der Spitalmühle vorbei führt der Weg schließlich bis nach Pfullendorf hinein. Die historische Altstadt

---

Hin & weg: Die Räuberbahn verbindet Burgweiler mit Pfullendorf und Aulendorf (mit Zwischenhalten in Ostrach und Altshausen) und fährt somit einmal quer durchs Räuberland.

Beste Zeit: Im Früh- oder Spätsommer.

Dauer & Strecke: 2,5 Std. reine Gehzeit für die 8,8 km lange Strecke. Bahnfahrt zurück und Pfullendorf-Tour nicht eingerechnet.

Ausrüstung: Genügend Proviant und etwas Geld fürs Zugticket.

Grenzenlos verwirrend: Durch Ostrach verliefen einst die Grenzen der Länder Baden, Württemberg und Hohenzollern - und diese änderten sich ständig. Im Grenzsteinmuseum erfährt man die ganze Geschichte.

mit ihren schiefen Fachwerkfassaden könnte selbst einer Räubergeschichte entsprungen sein. Die Legende des Schwarzen Vere endet jedoch an anderer Stelle. Nahe dem Ort Ostrach wurde der Schurke vom Förster des Grafen zu Königsegg-Aulendorf festgenommen und in Biberach in eiserne Ketten gelegt. Diese wurden ihm an einem stürmischen Julitag 1819 zum Verhängnis: Ein Blitz schlägt in seinen Kerker ein, fährt durch die metallenen Fesseln und erledigt den Räuber mit einem Schlag. Deutlich weniger dramatisch endet die heutige Tour am Bahnhof von Pfullendorf. Noch schnell ein Bild an der Schwarzen-Vere-Fotowand schießen, dann bringt einen die Räuberbahn entspannt wieder zum alten Bahnhof von Burgweiler zurück. Oder auch nach Ostrach. Dort wartet ein weiteres Räuber-Highlight: Der bestens ausgeschilderte Räuberweg auf acht Kilometern Länge.

FAZIT: SPANNENDE GESCHICHTE TRIFFT AUF ENTSPANNENDE NATUR. ENTLANG DER RÄUBERBAHNSTRECKE GIBT ES SAGENHAFTES ZU ENTDECKEN.

ALPINE ABENTEUER

#26

Der Schwarze Grat bringt seine Bezwinger sowohl ins Schwitzen als auch ins Schwärmen. Vom höchsten Berg Württembergs aus überblickt man die gesamte Region vom Bodensee bis zum Schussental. Und fühlt sich dank Berghütte wie auf einem Kurztrip durch die Alpen.

#VorpostenderAlpen #noPainnoGain #Bergfreuden #Hüttengaudi

Der Schwarze-Grat-Turm ist fast 30 Meter hoch und bietet von seiner Aussichtsplattform fantastische Weitblicke ins Voralpenland. Rauf kommt man das ganze Jahr über kostenlos.

Der Aufstieg ist steil, sehr steil. Was als gemütlicher Waldweg in Bolsternang beginnt, wird schnell zu einem alpinen Wurzelpfad, den aber selbst ungeübte Wanderer mit etwas Muskel- und Willenskraft gut bewältigen können. Pardon, „voralpin" ist wohl die passendere Bezeichnung. Denn die Adelegg, die gerade bezwungen wird, ist der letzte Vorposten der Alpen. Ein dicht bewaldetes Mittelgebirge mit kleinen Pfaden, tosenden Tobeln, tiefen Schluchten, bimmelnden Kuhglocken und spektakulären Aussichten. Eine davon wartet nach erfolgreicher Bergbesteigung gleich am Ende des Pfads. Unter dem riesigen Bergkreuz des 1056 Meter hohen Raggenhorns eröffnet sich ein Blick über die beeindruckende Nagelfluhkette.

Nur ein paar Schritte weiter bergab schmiegt sich ein dunkelbraunes Holzhaus in die grasgrünen Hügel. Scharlachrote Geranien leuchten wie bunte Farbkleckse unter den Fensterbänken der Alpe Wenger Egg hervor. Unter blauen Sonnenschirmen schmatzen und schwatzen Wanderer gesellig vor sich hin, die Wanderstöcke lässig an die Holzbank gelehnt.

Ob's nun am hitzigen Aufstieg, an der guten Luft oder an der Milch der Bergkühe liegt: Das dick mit Butter, Käse und Zwiebeln belegte Brot schmeckt einfach hervorragend.

Frisch gestärkt geht's an grunzenden und meckernden Alpe-Bewohnern vorbei, weiter bergauf. „Schwarzer Grat 30 Min." steht jetzt auf den Wegschildern geschrieben. Als hätte die Natur den Aufstieg etwas leichter machen wollen, erstreckt sich nun eine lange Treppe aus mächtigen Baumwurzeln über den Weg

---

Hin & weg: Mit dem Auto bis nach Bolsternang. Dann zu Fuß weiter bis zur Alpe Wenger Egg. Für einen kleinen Wegzoll kann man auch direkt bis zur Hütte fahren.

Beste Zeit: Im Sommer. Die Alpe ist von Anfang Mai bis Mitte Oktober geöffnet. Auf Anfrage gibt's sogar Kässpatzen (www.alpe-wenger-egg.de). Nach starken Regenfällen ist der Aufstiegsweg nicht zu empfehlen.

Dauer & Strecke: 3 Std. reine Gehzeit für 8,9 km. Snackzeit in der Alpe und Turmbesteigung genießen: Nochmal knappe 1,5 Std. rechnen.

Ausrüstung: Gutes Schuhwerk ist unerlässlich. Wanderstöcke schaden nicht.

Wer zum Turm will, muss zuerst über Stock und Stein. Denn der Schwarze Grat will erobert werden. Zum Glück hat die Natur eine praktische Wurzel-Treppe hoch zum Gipfel geschaffen.

hinauf zum Gipfel. Auch wenn man die Augen lieber auf den Boden gerichtet lassen sollte, um nicht übers Gehölz zu stolpern, lohnt es sich, kurz aufzublicken. Zwischen den Tannen blitzt nämlich schon die viereckige Silhouette des Schwarzen-Grat-Turms hervor. 153, 154, 155, 156 ... Stufen führen rauf auf den hölzernen Aussichtsturm. Oben rauscht der Wind und die Rundsicht ist phänomenal.

Wieder bergab kommt man dann gemütlich an der ehemaligen Schletteralm vorbei. Vom einstigen Ausflugs-Hotspot der 1950er Jahre ist aufgrund eines Brandes leider nichts mehr übrig. An der Stelle der schönen Sennerei stehen heute eine kleine Schutzhütte und ein paar lässige Hängematten. Rucksack absetzen und noch ein bisschen die Füße und die Seele baumeln lassen. Zurück ins Tal zieht es einen schließlich noch früh genug.

FAZIT: HERAUSFORDERNDE TOUR MIT VIELEN STRECKENHIGHLIGHTS VON ALPE BIS AUSSICHT.

JENSEITS VON AFRIKA

... rund um Waldburg

Straußenfarm mit Burgkulisse: Unter den imposanten Mittelaltermauern der Waldburg stolzieren die größten lebenden Vögel der Erde umher. Auch flauschige Vierbeiner aus den Anden streifen hier durch die Hügel und sogar eine Reise durchs Sonnensystem ist möglich. Wer braucht da noch Urlaub?!

#Vogelstraußfüttern #Burgbesteigen #Alpakasflauschen #sogehtVielfalt

Was guckst du? Strauße sind von Natur aus neugierig und beobachten Besucher interessiert.

Zeitreise, Weltreise, Planetenreise – im beschaulichen Luftkurort Waldburg wuppt man dieses ambitionierte Ausflugsprogramm schon mal an einem Tag. Was man dafür tun muss? Einfach dem knapp elf Kilometer langen Erlebnisweg folgen. Dieser startet direkt an der Waldburg, dem namensgebenden Schloss, das schon von Weitem sichtbar über dem kleinen Örtchen thront. Beim Durchschreiten des mächtigen Torbogens hört man förmlich das Hufgetrappel des Streitrosses von Stauferkaiser Friedrich II., der die Burg vor tausend Jahren errichten ließ. Im Inneren der alten Mauern befasst sich ein Museum mit der Geschichte des Hauses Waldburg, die eng mit der Entstehung der Region Oberschwaben verwoben ist.

Deutlich kürzer ist hingegen die Historie der Alpakas in Waldburg. Gemeinsam mit ihrer Halterin Susanne Finke zogen sie erst vor Kurzem im Habnitweg unterhalb der Burg ein und grasen seitdem friedlich die steilen Hänge ab. Ob man die flauschigen Andenkamele lieber nur vom Weg aus beobachtet oder zu einer geführten Wanderung durch die Streuobstwiesen aufbricht, bleibt einem selbst überlassen. Wichtig ist nur, rechtzeitig vor Ladenschluss beim nächsten Stopp der Tour anzukommen: Der Käserei Bauhofer in Kofeld (www.bauhofer.net). Dort wird Proviant von mild bis würzig eingekauft und schnell im Rucksack verstaut. Denn am besten schmeckt das Picknick natürlich mit einer ungewöhnlichen Aussicht, oder?

Und die gibt's knapp zwanzig Gehminuten später an der Straußenfarm von Wolfgang Schmid. Dutzende neugierige Hälse recken sich dort nach allen Vorbeiwandernden. Dann bricht das große Flügelrascheln los und mit schnellen Schritten huscht eine ganze Herde

Der Afrikanische Strauß ist der größte lebende Vogel der Erde. Die Tiere können bis zu 30 Jahre alt werden und Sprints von bis zu 60 Kilometer pro Stunde hinlegen.

dunkelbraun-gefiederter Straußenhennen auf den Zaun zu, um die Aufbauarbeiten zur Brotzeit genauer zu beäugen. Auf der Grünfläche gegenüber des weitläufigen Geheges kann man übrigens nicht nur hervorragend vespern, sondern (nach vorheriger Anfrage) auch mit dem Van oder Wohnmobil übernachten.

Hin & weg: Von Ravensburg sind es knappe 20 Min. Fahrt mit dem Bus 7535 bis nach Waldburg.

Beste Zeit: Von Juni bis September blühen die Silphien-Felder entlang des Wegs in Sonnengelb. Ein Augenschmaus.

Dauer & Strecke: Um die 5–6 Std. für Wanderung (11,8 km), Burgbesichtigung und Tiere gucken. Wer möchte, kann den Weg auch mit dem Rad abfahren, dann dauert die Tour etwa 2 Std.

Ausrüstung: Kopfbedeckung als Sonnenschutz. Feste Schuhe und gute Laune.

Nach einiger Zeit bei den Straußen bleibt nur noch die Frage, wer hier eigentlich wen beobachtet, und ob man noch einen Schlenker durchs Naturschutzgebiet Blauensee machen möchte oder lieber direkt nach Waldburg zurückkehrt. Dort lockt nämlich zum Abschluss noch ein ganz besonderer Anblick: Der Sonnenuntergang direkt hinter der Burg. Die beste Aussicht auf das Spektakel hat man vom Kohlenberg aus. Und wenn's Nacht wird? Dann geht die Reise in der Sternwarte (www.sternwarte-waldburg.de) weiter. An einem Tag um die Welt und darüber hinaus.

FAZIT: VON MITTELALTERSTIMMUNG BIS AFRIKA-FEELING IST AUF DIESER RUNDE ALLES DABEI.

GRÜNER WIRD'S NICHT

… im Burrenwald bei Biberach 

#28

Wenn die Gedanken kreisen und der Alltag nervt, ist es an der Zeit, mal wieder einen Baum zu umarmen. Im Stadtwald von Biberach ist nicht nur die Auswahl an geeigneten Fichten unerschöpflich, sondern auch die Anzahl an ruhigen Wegen durch den Forst. Der perfekte Ort für ein ausgiebiges Waldbad.

#Waldspaziergangdeluxe #sagenhaft #Waldbaden #meinFreundderBaum

Den Wald vor lauter Bäumen nicht sehen? Das kann auf dieser Schaukel schon mal vorkommen.

In Biberach erzählt man sich die Legende, dass auf den einsamen Wegen des Stadtwaldes das Burrenmännle umgeht. Wer Übles im Schilde führt, den lockt der Waldgeist in die Irre. Gute Menschen haben aber glücklicherweise nichts zu befürchten. Im Gegenteil: Ein besonders großes Herz hat das Burrenmännle der Sage nach sogar für unglücklich Verliebte. So oder so: Ein langer Spaziergang durch den weitläufigen Wald tut nicht nur gebrochenen, sondern auch gestressten Herzen ausgesprochen gut.

Das ausgiebige Waldbad startet am Wanderparkplatz Burrenwald. Ein breiter Weg führt von dort zu einer großen Grillstelle, samt Spielplatz und Kletterpark. Wer möchte, kann sich hier zu den Baumwipfeln aufschwingen und von oben nach dem Burrenmännle Ausschau halten. Oder aber, am Klettergarten vorbei, immer tiefer in den sattgrünen Laubmischwald eintauchen.

Psst, leise! Dann lässt sich mit etwas Glück sogar ein tierischer Waldbewohner blicken. Mit geschärften Sinnen geht's auf Spurensuche nach den gespitzten Ohren eines Fuchses im hohen Gras, den schnellen Schritten eines Rehs durch raschelndes Laub, dem leidenschaftlichen Gesang eines orange-bauchigen Kleibers oder dem unermüdlichen Klopfen des Buntspechts. Und auch die Hände gehen auf Entdeckungstour: Kuschelweiches Moos, kratzige Baumrinden, kaltes Waldweiherwasser – ein sensorisches Kontrastprogramm zu Smartphone, Schreibtischstuhl und Fernbedienung. Völlig tiefenentspannt gelangt man auf dem alten Kirchweg weiter in Richtung Attenweiler. Auf dieser langen Strecke mussten

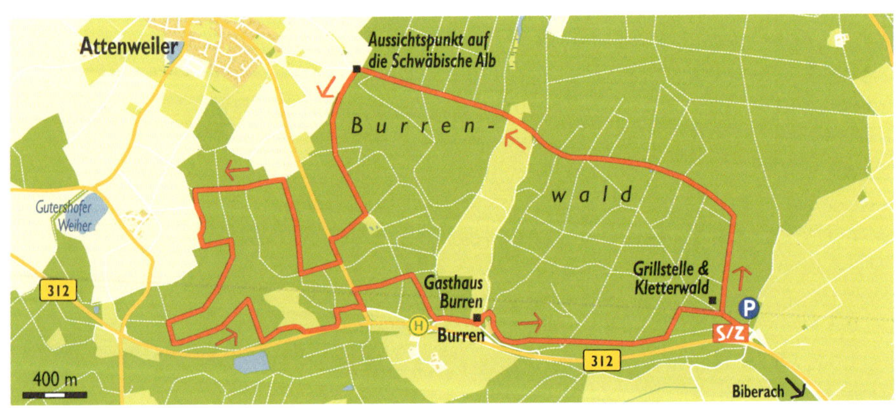

Hmmh, lecker. Wilde Waldbrombeeren. Von Juli bis Oktober lassen sich die violetten Süßigkeiten am Wegesrand finden. Aber bitte auch noch etwas für die tierischen Waldbewohner übrig lassen.

evangelische Gläubige ab 1649 zur protestantischen Kirche in Biberach laufen, um Ehen zu schließen, Kinder zu taufen oder Tote zu betrauern. In Attenweiler selbst herrschte für sie Kirchenverbot und strenger Katholizismus – und zwar bis weit ins 19. Jahrhundert hinein.

Mit Blick auf die umliegenden Dörfchen und die Schwäbische Alb schlägt man schließlich wieder den Bogen zurück zum Ausgangspunkt. Aber bitte nicht ohne eine Einkehr im Gasthaus Burren. Auf schmalen Klappstühlen werden am sonnigen Waldrand hausgemachte Holzofenbrote mit Schmalz und ofenwarme Dinkelkuchen in Bioqualität serviert. Satt an Eindrücken ist man danach wieder bereit für die Zivilisation. Und wenn's mal wieder stressig wird, nicht vergessen: Nichts beruhigt schneller als das frische Grün des Waldes.

FAZIT: WALDSPAZIERGANG DELUXE. AM BESTEN DAS HANDY ZU HAUSE LASSEN UND NICHT DEN NEWS FEED, SONDERN EINFACH MAL WIEDER DIE RUHE DER NATUR AUFSAUGEN.

Hin & weg: Vom Biberacher Marktplatz aus sind es 4 km bis zum Ausgangspunkt der Tour am Wanderparkplatz Burrenwald. Ein Fuß- und Radweg führt an der B 312 entlang direkt dorthin. Ansonsten mit dem Bus 380 bis Haltestelle Burren fahren.

Beste Zeit: Von Mai bis Ende Oktober besonders schön.

Dauer & Strecke: 4–5 Std. für 16 km durch den Wald. Abkürzen geht unterwegs immer.

Ausrüstung: Wanderrucksack mit Brotzeit oder Grillgut und wetterfeste Kleidung.

DURCH DEN HOPFEN HÜPFEN

#29

Endlose Reihen an grünen Hopfen-Ranken wachsen rund um Tettnang im Spätsommer meterhoch in den Himmel. Dazwischen erstrecken sich saftige Obstwiesen, tolle Alpen-Aussichten und der Tettnanger Hopfenpfad. Ein Genuss – nicht nur für Bierfreunde.

#grünesGold #Themenweg #Bierverkostung #Genusstour

Ein Hopfenstock kann bis zu 50 Jahre alt werden, muss aber jedes Jahr von Neuem seine meterhohe Rebe bilden. An dieser hängen bis zu 10 000 Dolden, die fürs Brauen von etwa 300 Liter Bier reichen.

Ohne diese Pflanze gäbe es kein Bier. Hopfen ist neben Wasser und Malz eine der drei unerlässlichen Zutaten des goldgelben Gebräus. Seit 175 Jahren wird das grüne Gold rund um Tettnang mit viel Leidenschaft von passionierten Hopfenbauern angepflanzt. Die bis

Hin & weg: Mit dem Zug bis nach Meckenbeuren fahren. Von dort weiter mit dem Bus 238 bis zur Haltestelle Tettnang Kirche.

Beste Zeit: Ende Juli/Anfang August ist der Hopfen zu seiner vollen Größe herangewachsen. Ende August beginnt die Erntezeit. Unbedingt vorbeikommen, bevor die langen Dolden fallen.

Dauer & Strecke: Für die gesamte Strecke von 7,5 km mit Einkehr und Museumsbesuch 3-4 Std. einplanen. Auch mit Kinderwagen oder Rollstuhl begehbar, dann allerdings den direkten Rückweg und nicht die Abzweigung zur Brünnensweiler Höhe wählen.

Ausrüstung: Einen großen Rucksack für Hopfentee, Biergelees oder Hopfenlikör aus dem kleinen Laden des Hopfengut No. 20 (www.hopfengut.de).

Frauen-Power: Nur die Zapfen der weiblichen Hopfenpflanzen werden zur Weiterverarbeitung genutzt. In der Naturheilkunde werden diese auch als natürliches Beruhigungsmittel eingesetzt.

zu acht Meter hohen Stauden prägen die hügelige Landschaft zwischen Schussental und Bodensee seit Jahrhunderten. Mitten durch die rankenden und im Wind schwankenden Pflanzen schlängelt sich der Tettnanger Hopfenpfad. Dieser beginnt – wie könnet es anders sein – direkt vor der Kronenbrauerei in der Stadtmitte Tettnangs. Wer möchte, kann sich im orangefarbenen Gasthof mit den himmelblauen Fensterläden schon zu Beginn der Tour durch die sieben hausgebrauten Biere probieren. Immer dem aromatischen Hopfenduft nach geht's dann raus aus der Stadt und mitten rein in die Felder. Zwischen den streng angeordneten Hopfenreihen schlängelt sich der geteerte Weg immer leicht bergauf.

Unterwegs begegnen einem nicht nur grasgrüne Infotafeln, die spannende Fakten über den Hopfenanbau verraten, sondern auch ratternde rote Erntemaschinen. Zumindest wenn man zwischen Ende August und Anfang September durch den Hopfen wandert. Dann ist Erntezeit und ordentlich was los zwischen den Ranken. Nur ein knapper Monat bleibt den Bauern im Spätsommer, um den Hopfen zu ernten, zu trocknen und zu verpacken. Stehen bleiben und staunen: Eine meterlange Pflanze nach der anderen landet rauschend auf dem Anhänger des kleinen Traktors. Dann biegt das Gefährt auf den Feldweg ein und tuckert mit seiner grünen Fracht gemächlich davon. Schnell hinterher, denn sowohl Dolden als auch Wanderer haben nun das gleiche Ziel: Das Hopfengut No. 20. In vierter Generation produziert Familie Locher auf ihrem Hof auf einem Hügel über Tettnang ihren feinen Aromahopfen. Sie trennt die wertvollen kleinen Dolden von den Ranken und verwandelt diese im Trocknungsofen zum blumig duftenden Endprodukt, das in die ganze Welt verschifft wird. Bei einer Führung kann man den Bauern und Brauern über die Schulter schauen und auf einem acht Meter hohen Holzsteg übers Hopfenfeld spazieren. Die Kässpätzle mit Bergkäse samt frischgebrautem Grünhopfenbier in der entspannten Gaststätte des Hopfenguts machen den Ausflug perfekt.

FAZIT: HOPFEN, SO WEIT DAS AUGE REICHT – BEI DIESER GEMÜTLICHEN GENUSSTOUR GEHT'S VOM BRAUER ZUM BAUER UND WIEDER ZURÜCK.

HUF HUF HURRA

… beim Eselwandern in Ertingen

Zwei Huftiere, eine Leine und ein ruhiger Weg mitten durch den Wald – mehr braucht es bei einer Eselwanderung nicht, um glücklich zu sein. Gemeinsam mit den Fellohren und ihrem Besitzer Joachim Lange »grast« man die Wälder, Wiesen und Seen rund um Ertingen ab und lässt die Alltagssorgen daheim.

#EntspannungaufvierHufen #Tieresindtoll #Holzofenromantik #Hofleben

Sind die Ohren nach vorne gespitzt heißt das in Esel-Sprache: Ich will dich kennenlernen.

Die weiche Schnauze von Laura schnuppert neugierig an der vorsichtig ausgestreckten Hand. Auch ihr bester Freund Max trabt vorwitzig über die Weide, um die menschlichen Neuankömmlinge an der Absperrung zu seiner Koppel besser in Augenschein nehmen zu können. Das Rascheln der Apfelkiste lässt die Ohren der beiden Esel herumschnellen und mit einem saftigen Schmatzer verschwindet ein fruchtiges Freundschaftsangebot zwischen den malmenden Zähnen der beiden Langohren. Laura und Max leben, ebenso wie ihr Besitzer Joachim Lange, im beschaulichen Örtchen Ertingen. Alle drei lieben Wanderungen durch den Wald und zu den nahegelegenen Schwarzachtalseen – und lassen sich bei ihren Erkundungstouren gerne von Tier- und Naturfreunden begleiten.

„Ein Vorurteil kann man direkt mal aus dem Kopf streichen“, schmunzelt Joachim Lange, der seinen beiden Fellfreunden gerade einen Halfter überzieht. „Esel sind überhaupt nicht störrisch, sondern sanft, schlau und genügsam.“ Es kommt eben immer darauf an, wer beim Eselspaziergang am anderen Ende der

Leine läuft. Laura und Max sind jedenfalls echte Profis im Wandern. Kaum schließt sich die Hand um die Leine, traben sie auch schon los. Immer dem Wald entgegen. Nicht zu schnell, nicht zu langsam synchronisieren sich die Schritte von Huf und Wanderschuh schon bald zu einer Einheit. Kein Wunder: Schließlich kommunizieren Esel nicht nur untereinander durch ihre Körpersprache, sondern können auch die von Menschen interpretieren und darauf reagieren.

Das erste Etappenziel, eine kleine Holzhütte am Waldrand, kommt in Sicht und während die Menschen kurz mal die Beine ausstrecken, legen auch Max und Laura eine Pause ein und zupfen zufrieden Grasbüschel um Grasbüschel ab. Dann geht's gemächlich, aber stetig weiter – erst zu den glitzernden Schwarzachtalseen und schließlich wieder zurück zum Hof von Joachim Lange. Dort wartet eine dampfende Überraschung: Im gusseisernen Holzbackofen backen duftende Dennete auf. Die sind nicht nur lecker, sondern auch schnell verdrückt und so bleibt zum

---

Hin & weg: Die Buslinie 393 fährt von Riedlingen Bahnhof bis nach Ertringen. Von der Haltestation Kreissparkasse sind es noch 10 Min. zu Fuß bis zum Lange-Hof in der Kapellenstraße 23.

Beste Zeit: Eselwanderungen sind das ganze Jahr über möglich.

Dauer & Strecke: 2–5 Std., je nach gewünschter Strecke und Kondition.

Ausrüstung: Apfelsnacks für die tierischen Begleiter nicht vergessen. Fürs leibliche Wohl der menschlichen Spaziergänger sorgt Joachim Lange gerne nach Voranmeldung (www.lange-eselwanderung.de).

Auf der Suche nach den leckersten Grashalmen legen Esel bis zu 17 Kilometer am Tag zurück. Da ist so eine Wanderung zum See doch ein Klacks!

Abschluss noch etwas Zeit, über den kleinen Hof zu streifen, den zwei Generationen alten Deutz zu bestaunen oder den grunzenden Wollschweinen einen Besuch abzustatten. Hofromantik pur!

Gut zu wissen: Auf Anfrage organisiert Joachim Lange gerne auch ein prasselndes Lagerfeuer samt Grillgut und Getränken entlang des Wanderwegs oder bringt seinen Holzbackofen direkt an den See. Auch die Route kann flexibel auf Wanderwünsche abgestimmt werden.

FAZIT: GLÜCKLICHE ESEL, DIE GENAUSO VIEL SPAß AN DER WANDERUNG HABEN WIE DIE MENSCHEN AM ANDEREN ENDE DER LEINE.

SPAZIEREN SEHEN

... am Stillen Bach bei Weingarten

Ein Spazierweg wie aus dem Bilderbuch schlängelt sich bei Weingarten an einem der ältesten Kanalsysteme Deutschlands entlang. Angelegt von Mönchen im Mittelalter, fließt der Stille Bach noch immer durch den Altdorfer Wald. Der perfekte Ort, um mal wieder zu Fuß und in sich zu gehen.

#WegeamWasser #Laubwaldliebe #Energietanken #Mönchemachensmöglich

Immer mit der Ruhe. Entlang des Stillen Bachs verfliegt der Alltagsstress wie von selbst.

Acht Uhr früh. Zehn Grad plus. Nebel wabert noch über die Wiesen nahe des geschlossenen Freibads. Ein einsamer Gassi-Gänger zieht den Kragen seiner Jacke etwas höher und grüßt mit einem stummen Nicken. Seine knirschenden Schritte verhallen und eine samtene Ruhe legt sich wieder über die morgendliche Szenerie. Doch da, dieses leise Plätschern. Das muss er sein, der Stille Bach. Zwischen hohen Bäumen und sanften Hügeln fließt das Wasser stetig bergab Richtung Weingarten. Genau entgegengesetzt begleitet der entspannte Spazierweg das Flüsschen in sanften Kurven durch einen lichten Laubwald. Akkurat zwischen Wald und Weg eingepfercht murmelt das Wasser über kleine Schwellen und Steine hinweg. Und das schon über ein halbes Jahrtausend lang.

Denn der Stille Bach ist Teil eines der ältesten Kanalsysteme Deutschlands. Generationen von Benediktinermönchen aus Weingarten bauten seit dem Mittelalter unermüdlich an diesem Gewässernetzwerk, das ihre Abtei

nicht nur mit Wasser versorgte, sondern auch die Energie für zahlreiche Mühlen bereitstellte. Bis heute wird die Wasserkraft aus dem Kanal für die Stromgewinnung genutzt. Ein bauliches Meisterwerk mit langer Geschichte und noch längerer Haltbarkeit.

Übrigens: Auch an anderen Stellen Oberschwabens legten die Mönche weitläufige Kanalsysteme an. Ein weiteres Highlight ist beispielsweise der Krummbach am Kloster Ochsenhausen. An diesem führt Eskapade #36 vorbei.

Schon im Jahr 1056 wurde auf dem Martinsberg das Kloster Weingarten gegründet. Im Laufe der Zeit wurde es zu einer der einflussreichsten Abteien der Region. Heute leben aber keine Mönche mehr hier.

Noch älter ist tatsächlich nur der Rößler Weiher, der etwa drei Kilometer weiter zwischen den Bäumen auftaucht und das Kanalsystem mit immer neuem Wasser speist. Der kleine Stausee hat schlappe 10 000 Jahre auf dem Buckel und ist ein Relikt der Eiszeit. Auf einer Holzbank am Südufer schaut man den Enten beim Gründeln im glitzernden Wasser zu, das von der immer höher steigenden Sonne beschienen wird. Einfach mal durchatmen, sich umsehen und nichts tun. Am Rößler Weiher gelingt das problemlos.

Wenn's dann doch wieder in den Zehen juckt: Der Rückweg führt am Rösslerhof vorbei, wo man sich im gemütlichen Hofcafé ein spätes Frühstück genehmigen kann (www.roesslerhof.de). Oder die Wegwahl fällt auf die Abzweigung durchs mystische Lauratal und zur ehemaligen Haslachburg. An der Scherzach ist dann Schluss und es geht durch den Wald zurück zum Ausgangspunkt. Durch diesen Schlenker verlängert sich die Gehzeit um eine knappe Stunde.

Der Tag ist noch jung und was nun? Unbedingt einen Abstecher zur monumentalen Basilika auf dem Martinsberg in Weingarten machen. Die prächtige Klosterkirche ist halb so groß wie der Petersdom in Rom und hütet einen wertvollen Schatz: die Heilig-Blut-Reliquie. Diese soll der Überlieferung nach nicht nur Erde von Golgatha, sondern auch ein Stück vom Kreuz Jesus enthalten. Na, wenn das mal keinen Besuch wert ist.

FAZIT: AM LEISE SÄUSELNDEN WASSER DES STILLEN BACHS LÄSST ES SICH GUT ÜBER DEN FLUSS DES LEBENS SINNIEREN. EINER DER SCHÖNSTEN SPAZIER- UND WANDERWEGE DER REGION.

Hin & weg: Die Stadtbuslinie 1 Ravensburg-Weingarten verkehrt mehrfach täglich zwischen den beiden Orten. Von der Haltestelle Ev. Stadtkirche sind es 20 Min. zu Fuß bis zum Freibad Weingarten, wo die Tour startet.

Beste Zeit: Früh am Morgen hat man den Weg fast für sich allein. Nach einem kräftigen Regenschauer ist der Pegelstand hoch und die Fließgeschwindigkeit des Kanals besonders beeindruckend.

Dauer & Strecke: 1,5–2,5 Std. für 6,2–9,1 km.

Ausrüstung: Bequeme Schuhe und wetterfeste Kleidung.

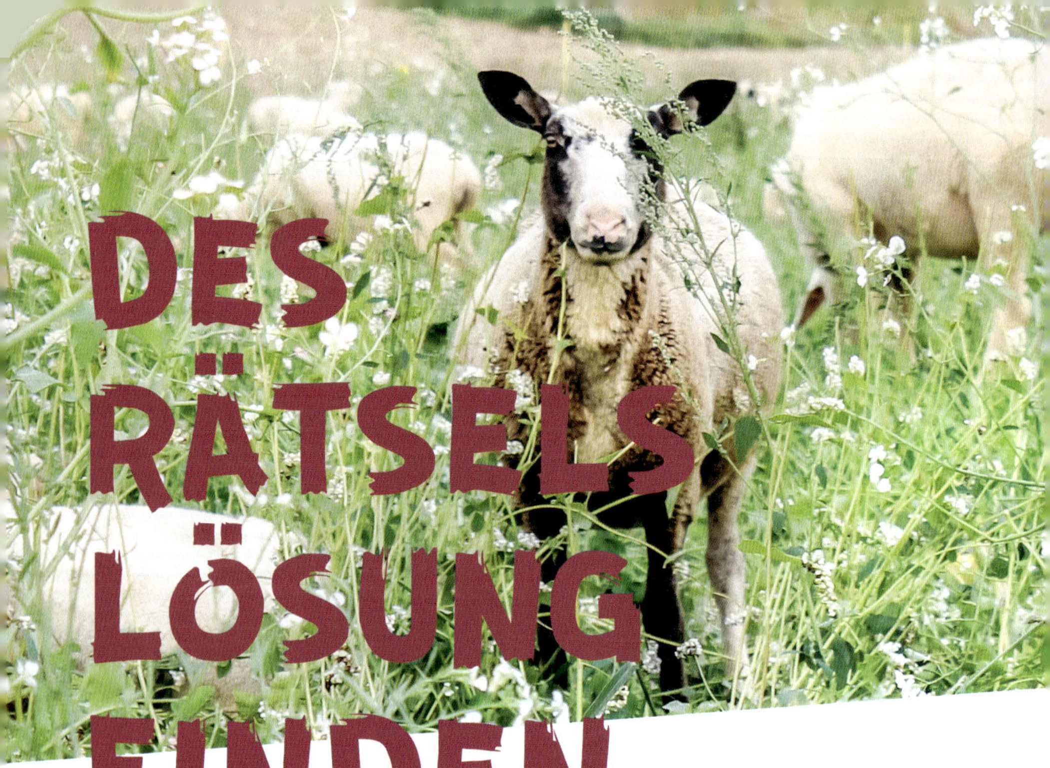

DES RÄTSELS LÖSUNG FINDEN

... bei Bermatingen

#32

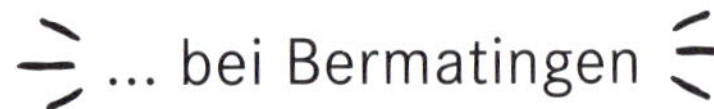

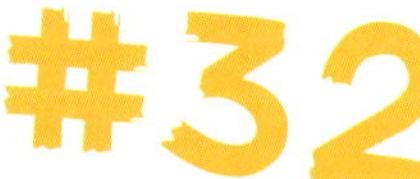

Escape Room Fans aufgepasst: Bei dieser Outdoor-Variante liegen die Hinweise mitten in der malerischen Natur des Bermatinger Oberwalds versteckt. Aber auch sonst hat diese Feld-, Wald- und Weinberge-Tour so einige Highlights zu bieten. Versprochen!

#EscapeTour #wasKühlesimKloster #WiesenWaldundWeintrauben #malwasanderes

An Fasnacht steppt der Bär (das Wappentier der Stadt) in Bermatingen.

Dietbert der Wanderer hat ein Problem: Er hat sich im Bermatinger Wald verirrt. Räuber und wilde Tiere wollen ihm an den Kragen. Ganz klar, dem Mann muss geholfen werden. Und zwar am besten, indem man 19 verschiedene Rätselfragen löst und so seinen Rettungsplan entziffert. Denn Dietbert ist nicht real. Er ist der Protagonist einer kostenlosen Escape-Tour, die vom Städtchen Bermatingen in den Oberwald, zum ehemaligen Kloster Weppach und wieder zurück führt. Wer neun Kilometer nördlich des Bodensees nicht nur durch die malerische Landschaft wandern, sondern dabei auch noch knobeln will, greift sich am alten Fachwerkrathaus (aus dem Jahr 1745!) eines der mintfarbenen Rätselhefte und legt los. Erst mal geht es einige Meter durch die fachwerkgesäumten Straßen. Ein alter Brunnen verrät unterwegs die ersten Buchstaben des Rätselwortes. Gar nicht so schwer. Ein paar Schritte weiter verwandelt sich dann Straßenteer in Feldweg und nach ein paar weiteren Rätseln und Abzweigungen eröffnet sich ein wunderschöner Blick über Berma-

Von Müller-Thurgau bis Spätburgunder: In den sonnenverwöhnten Rebhängen reifen saftige Trauben heran. Auf dem Weingut Dilger (www.weingut-dilger.de) kann der fertige Wein verkostet werden.

tingen und auf die weiß gezuckerten Schweizer Alpen.

Proviant braucht man auf dieser Tour eigentlich nicht, denn die Natur meint es richtig gut mit vorbeikommenden Wanderern. Am Feldrand wachsen saftige Brombeeren, in den Obstbäumen hängen die ersten Birnen und Äpfel und vor dem ehemaligen Beginenkloster Weppach stehen sogar gekühlte Getränke für durstige Ausflügler bereit.

Die leeren Rätselkästchen füllen sich immer weiter mit Buchstaben und auch der Weg führt nun wieder bergab, am wildromantischen Weppachbach entlang, in Richtung Bermatingen. Auf direktem Weg erreicht man das Ziel in guten 20 Minuten, aber den kleinen Umweg durch die malerischen Weinberge sollte man sich nicht entgehen lassen. Einfach den Schildern der „Bodensee LandGänge" folgen und

---

Hin & weg: Bermatingen ist von Markdorf und Salem mit der Busline 7396 und von Meersburg mit der Linie 7382 gut zu erreichen. Die Tour startet direkt an der Haltestelle Rathaus in der Ortsmitte.

Beste Zeit: Das ganze Jahr über schön. Wer die Weinreben schwer mit Trauben beladen erleben will, kommt zwischen August und September.

Dauer & Strecke: Die eigentliche Strecke ist 6 km lang, kann aber beliebig erweitert werden. Die Beschilderung zu ergänzenden Routen vor Ort ist sehr gut. Je nach gewählter Route um die 2–4 Stunden einplanen.

Ausrüstung: Das passende Rätselheft mit allen Aufgaben für unterwegs gibt's direkt an der Wandertafel vor dem Rathaus. Stift nicht vergessen! Weitere Infos unter www.bermatingen.de > Tourismus > Wandern > Themenwege

---

zwischen saftigen Weintrauben und steilen Rebhängen das finale Rätselwort erknobeln.

Wer eine längere Wanderung dem Rätselraten vorzieht, läuft die komplette 9,3 Kilometer lange Bermatinger Waldwiesen-Tour ab. Diese führt in etwas mehr als drei Stunden über traumhaft fluffige Wald- und Wiesenwege, an Pferdekoppeln, Schafherden und dem Kloster Weppach vorbei und hat ihren Start und Zielpunkt ebenfalls im historischen Ortskern von Bermatingen.

FAZIT: FÜR HOBBY-DETEKTIVE UND WIESENWANDLER. EINE AUSSICHTSREICHE RUNDE IN BODENSEENÄHE MIT KÜHLEN DRINKS UND GUTER UNTERHALTUNG.

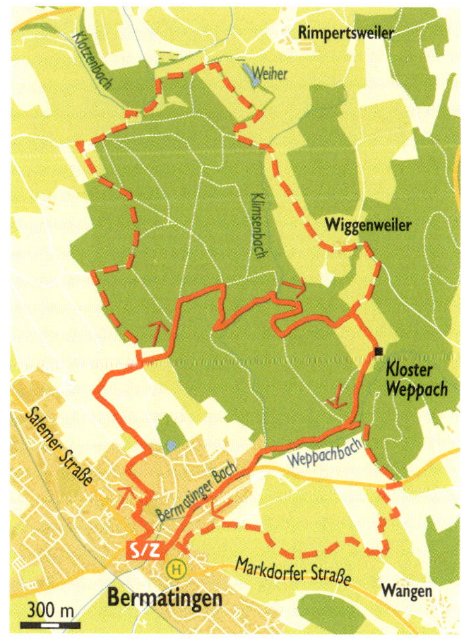

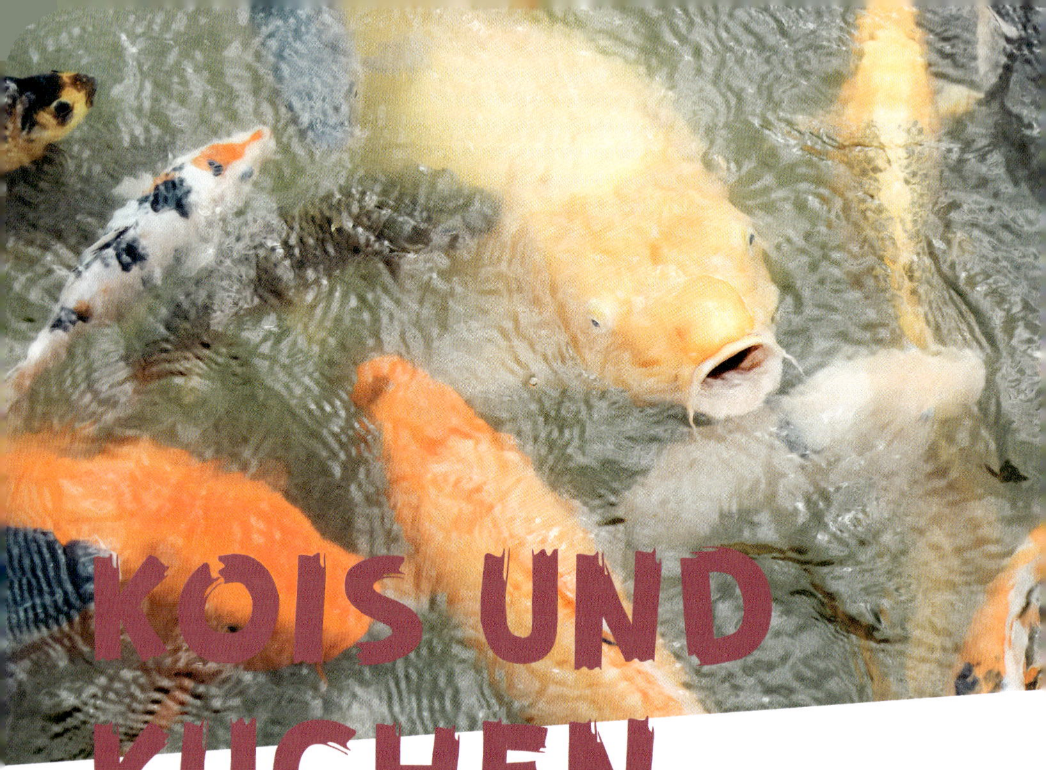

KOIS UND KUCHEN

… bei Bad Saulgau

#33

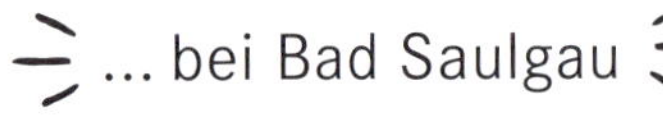

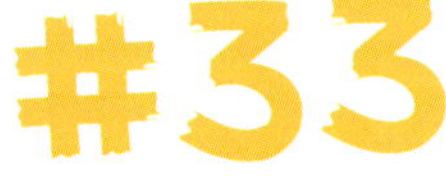

Wer sich den Titel Landeshauptstadt der Biodiversität auf die Fahne schreibt, der muss auch liefern. Und das tut Bad Saulgau. Im Naturthemenpark treffen kilometerlange Naturlehrpfade auf artenreiche Biotope, in denen es vor Vögeln, Amphibien und Fischen nur so wimmelt.

#Bohlenbegehen #WasserWaldundWunder #öftermalwasSüßes

Plitsch, plitsch, platsch: Unter dem Holzsteg tobt das pralle Leben im Teich.

Lang und gelb, kurz und rot, dick und orange: Dutzende Karpfen flutschen und flitschen in dem kleinen Teich über- und untereinander hinweg. Gierig strecken sie ihre weit aufgerissenen Mäuler den kleinen Futterpellets entgegen, die von oben auf sie herabrieseln. Aber nicht nur die bunten Kois leben im Naturthemenpark Bad Saulgau (www.bad-saulgau.de > Tourismus > Natur > Naturthemenpark Bad Saulgau) wie im Schlaraffenland. Auch Bachstelzen, Enten, Wasserfrösche und sogar Biber fühlen sich auf dem liebevoll angelegten Freigelände zwischen Stadtwald und Sonnenhof-Therme extrem wohl. Lange Holzbohlenstege führen über die flachen Gewässer des Themen- und Erlebniswegs Wasser hinweg. Überall sind lehrreiche Tafeln aufgestellt, die Wissenswertes über die hiesigen Wasser-, Wald- und Wiesenbewohner

Tipp für Kuchenfreunde: Freitags schlemmt man in Schillers Café und Garten (www.schillerssaulgau.de) selbstgebackene Freuden auf der Sonnenterrasse oberhalb der Stadt. Ein zauberhafter Ort!

verraten. Gleich neben einer Aussichtsplattform hat sich auch schon ein geübter Jäger in Stellung gebracht: Der langbeinige Graureiher lauert seiner schuppigen Beute auf. Nach einigen Minuten schießt sein spitzer Schnabel blitzschnell durch die Wasseroberfläche – und kommt leer wieder zum Vorschein. Kein Erfolg für den Federträger, aber spannende Unterhaltung für alle, die ihn beobachten.

Genug vom Wasser? Dann ab in den Wald. Der Weg führt zwischen riesigen Rotbuchen und dichten Fichten hindurch. Kein Schimmer, wie man die Bäume voneinander unterscheidet? Auch hier helfen informative Schautafeln dem Wissen über die heimische Natur ordentlich auf die Sprünge. Und regen zum Nachdenken an. Denn der Klimawandel ist längst zwischen den oberschwäbischen Wipfeln und Wurzeln angelangt und bringt die Bäume ganz schön ins Schwitzen. Zum Glück gibt's den Biber, der gutzumachen versucht, was die Menschen vermasselt haben. Ein paar Schritte weiter kann man seine Nagebemühungen bestaunen. Das durch Biberburgen aufgestaute Wasser kühlt die Umgebung auf natürliche Weise und bildet ein Bilderbuch-Biotop für flatternde Libellen, bunte Bergmolche und flinke Teichrohrsänger. Danke, Biber. Nett von dir!

Noch Zeit und Muse für ein bisschen kostenfreie Wald-Wellness? Dann rauf auf die gemütlich-geschwungene Holzliege direkt am Wegesrand und eine Vogelstimmen-Meditation für umme genießen. Danach ab zur Fußreflexzonenmassage auf dem Wald-Balancierpfad, und zum Abschluss geht's in Deutschlands erstes und bislang einziges Freiluft-Fisch-Spa: Denn im Kurteich vor der Sonnenhof-Therme (www.bad-saulgau.de/sonnenhof) knabbern kleine Putzerfische fleißig an den Füßen vorbeikommender Besucher:innen – einzig zu entrichtende Entlohnung: überflüssige Hautschüppchen.

Mit blitzblanken Füßen läuft es sich gemütlich zurück in die Innenstadt von Bad Saulgau. Dort wartet zum krönenden Tagesabschluss der beste Kuchen der Stadt in der Auslage des Café KSK (ksk-cafe.business.site).

FAZIT: NATIONAL GEOGRAPHIC IN DER OBERSCHWABEN-EDITION. HIER GIBT'S DIE VOLLE LADUNG UMWELT- UND NATURWISSEN GRATIS UND SPANNEND AUFBEREITET.

Hin & weg: Wer nicht so viel laufen möchte, kann mit dem Bus 466 direkt von Bad Saulgau bis zur Haltestelle Sonnenhof-Therme fahren.

Beste Zeit: Das ganze Jahr über interessant. Am besten unter der Woche vorbeikommen. Dann ist kaum etwas los.

Dauer & Strecke: 1,5 Std. für den 6 km langen Weg zum Naturthemenpark und wieder zurück in die Stadt. Danach genügend Zeit für einen City-Bummel einplanen.

Ausrüstung: Am Infopunkt Bad Saulgau kann ein Naturforscherrucksack ausgeliehen werden (www.bad-saulgau.de).

AUS DER ZEIT FALLEN

… auf dem Prälatenweg bei Birnau

Früher Wirtschafts-, heute Wanderweg. Sanft führt der einstige Handelsweg der Salemer Mönche von der ehemaligen Reichsabtei durch Wälder und Wein bis zur Wallfahrtskirche Birnau am Bodensee. Unterwegs findet man alte Gehöfte, flinke Affen und die innere Mitte.

#historischePfade #MönchenaufderSpur #1aAussicht

Die Wallfahrtskirche Birnau ist schon von Weitem gut zu sehen. Und das seit 1750.

Die ehemalige Reichsabtei Salem ist eine Wucht – nicht nur aufgrund ihrer schieren Größe, ihres knackigen Alters (das prachtvolle Münster stammt in Teilen aus dem Jahr 1285!) und der wunderschönen Gartenanlagen. Sondern vor allem wegen der vielen Geschichten, die sich hinter den dicken Klostermauern verbergen. Prinz Philip, der Mann der früheren britischen Königin Elisabeth, besuchte als Jugendlicher zwei Jahre lang das Eliteinternat, das sich bis heute auf dem Gelände befindet. Jahrhunderte zuvor feierten Adel und Klerus rauschende Feste im herrschaftlich geschmückten Kaisersaal des Klosters. Und bis heute lebt der Markgraf von Baden mit seiner Familie in einem privaten Teil des Schlosses Salem. Ganz klar: Obwohl das Mönchskloster 1803 aufgelöst wurde, kehrt hinter den alten Mauern noch lange keine gespenstische Ruhe ein. Hier blüht das Leben – und im Sommer auch der prächtige Hofgarten. Nichts wie rein zur Besichtigung (www.salem.de).

Danach lockt der Prälatenweg. Er führt auf kürzester Strecke vom Kloster bis ans Bodenseeufer. Jahrhundertelang transportierten die geschäftstüchtigen Mönche des Klosters auf diesem Pfad Handelswaren wie Salz, Wein und Gemüse zum Bodensee, um sie dort zu verschiffen. Auf ihren Spuren läuft es sich erst einmal ganz entspannt an der endlos wirkenden Klostermauer entlang. Vorbei am

historischen Forsthaus, in dem sich heute eine kleine Kunstgalerie befindet, geht's auf asphaltiertem Weg raus aufs grüne Feld. Umdrehen nicht vergessen, denn von oben ist die Aussicht auf die Klosteranlage einfach fantastisch. Wald und Wiesen, Schatten und Sonne wechseln sich auf den nächsten Kilometern ab. Mitten in der sanften Hügellandschaft, die

Hin & weg: Von April bis November verbindet der Erlebnisbus stündlich Kloster und Schloss Salem mit dem Bahnhof Salem und dem Hafen von Unteruhldingen.

Beste Zeit: Frühling, Sommer, Herbst.

Dauer & Strecke: Etwa 3,5 Std. für 12,7 km.

Ausrüstung: Die Strecke kann man auch bestens mit dem Fahrrad befahren. Wer eines leihen möchte, wird bei Zweirad Reinwald (www.zweirad-reinwald.de) in Salem fündig.

Gotik trifft Barock: In ihrer fast 900-jährigen Geschichte hat die Reichsabtei Salem so manchen Tapetenwechsel durchlebt.

in der Eiszeit geformt wurde, grasen ein paar Schafe vor dem historischen Spitznagelhof. Rund um die alten Fischweiher des Klosters staksen Störche auf Futtersuche durchs hohe Gras. Und noch eine weitere Tierart hat es sich hier gemütlich gemacht: eine Kolonie von 200 flinken Berberaffen. Der Prälatenweg führt direkt an ihrem Freigehege auf dem Affenberg Salem vorbei (www.affenberg-salem.de, mehr dazu in Eskapade #4). Jetzt noch ein paar Schritte waldbaden, und auf einmal lugt die schiefergrüne Spitze der prächtigen Wallfahrtskirche Birnau zwischen den Bäumen hervor. Davor erstrecken sich sanft abfallende Weinberge, dahinter liegt der funkelnde Bodensee. Was für ein Anblick!

Wer möchte, verkostet vor dem Kirchenbesuch noch ein blumiges Gläschen Müller-Thurgau im der schmucken Weinstube des Birnauer Oberhofs (www.birnauer-oberhof.de). Von den Weinbergen hinter dem alten Gutshof hat man den besten Ausblick auf die stolze Wallfahrtskirche, die vom Pilgerort zum Instagram-Star avanciert ist.

Zum Abschluss lohnt noch ein kleiner Abstecher zu den Pfahlbauten in Unteruhldingen. Von dort fährt der Bus direkt zurück zum Kloster Salem.

FAZIT: LOCKER-LEICHTER WEG MIT BAROCKEN UND LANDSCHAFTLICHEN HIGHLIGHTS. EINFACH IN DEN TAG HINEINWANDERN UND ENDLICH MAL WIEDER DIE ZEIT VERGESSEN.

TOBEL-TRAUM-TOUR

#35

Zwischen Wilhelmsdorf und Bodensee tummeln sich die Tobel. Die tief eingeschnittenen Schluchten sind ein einzigartiger Lebensraum für seltene Pflanzen und Tiere. Und der perfekte Ort für alle, die der Zivilisation für eine Weile entfliehen wollen.

#allesimFluss #TalderLiebe #Prädikatschützenswert

Gummistiefel nicht vergessen: Bei der Tour durch den Tobel kann man sonst schon mal nasse Füße bekommen. Oder aber raus aus den Latschen und die Zehen bewusst im Sand am Ufer der Rotach vergraben.

Plitsch, plitsch, platsch ... Die Gummistiefel stapfen durch das seichte Wasser der Rotach und wirbeln den wellenförmigen Sandboden auf. Säuselnd umspielt der Fluss die Beine.

Ringsherum herrscht Stille. Kein Auto, keine Fahrradklingel, kein Rasenmäher stört die Ruhe. Im Rotachtal, das sich vom Ursprung des Gewässers im Pfrunger-Burgweiler Ried bis nach Friedrichshafen am Bodensee erstreckt, ist die Natur noch weitestgehend unberührt. Die Fließkraft des Wassers hat ganze Arbeit geleistet und ein Naturspektakel aus engen Tobeln, waldreichen Hängen und wilden Wiesen erschaffen.

Einfach mal eine Weile stillstehen und aufs Wasser blicken: Mit etwas Glück flitzt ein kleiner Strömer vorbei. Die flinken silbernen Karpfenfischchen fühlen sich in der Rotach pudelwohl. Gleichzeitig ist der naturnahe Fluss einer der letzten verbliebenen Lebensräume der bedrohten Tiere, die ihr Wasser sauber und mit mäßiger Strömung bevorzugen.

Lange Besiedlungszeit: Auf dem Bergsporn des Jonistobels befinden sich noch heute die Überreste einer mittelalterlichen Burg, die sich der Wald zurückerobert hat.

Der kleine Weiler Jonistobel ist für eine Weile die letzte menschliche Siedlung, die man zu Gesicht bekommt. Denn schon bald wird der Feld- zum Forstweg, und es geht mitten rein in den tiefgrünen Tobelwald, wo hohe Erlen neben dicken Eschen und wogenden Weiden wachsen. Ganz schön faszinierend, wie viele Arten von Grün die Natur hier inszeniert. Während die Beine durch den dichten Forst bis nach Homberg marschieren, schweifen die Augen an den Ästen entlang, über dichtes Moos und kleine Tümpel hinweg. Immer auf der Suche nach frischen Pilzen, flatternden Libellen und seltenen Gelbbauchunken.

Am Örtchen Möggenhausen ist der höchste Punkt der Rundtour erreicht. Ab jetzt geht's auf Waldpfaden bergab. Immer wieder bieten sich tolle Weitblicke ins Deggenhauser Tal, das sich mit dem Beinamen Tal der Liebe schmückt. Und da diese bekanntlich durch den Magen geht, gibt's zum Abschluss der gelungenen Runde durch die Traumlandschaft noch ein Traumessen: Bei dampfenden Semmelnocken auf dem sonnengeküssten Biergarten des Biohotels Mohren (www.mohren.bio) sinniert man davon, noch ein bisschen länger bleiben zu können. Ach stimmt, das geht ja ganz leicht. Einfach über Nacht in einem der schönen Zimmer einchecken und die nächsten Tage fröhlich zwischen Natur-Spa und Natur pur pendeln.

Extra-Tipp: Ein weiterer toller Pfad in der Umgebung ist der knapp zwölf Kilometer lange Rotachweg, der dem Flusslauf folgend von Oberteuringen durchs Rotachtal bis zur Flussmündung am Bodensee führt.

FAZIT: EINFACH MAL STILLSTEHEN, MITTEN IM FLIEßGEWÄSSER. EINFACH MAL DURCHATMEN, MITTEN IM AUENWALD. NATÜRLICHE ENTSCHLEUNIGUNG, GANZ OHNE STRESS.

Hin & weg: Öffentliche Verkehrsmittel fahren nur unregelmäßig. Am besten mit dem Auto am Dorfgemeinschaftshaus Limpach parken.

Beste Zeit: Solange kein Schnee liegt, ist die Tour zu jeder Jahreszeit möglich. Im Sommer ist es in den Tobeln angenehm kühl und schattig.

Dauer & Strecke: Etwa 3,5 Std. für die naturnahe 11,2 km lange Runde.

Ausrüstung: Wasserdichte Schuhe, um flink in den Fluss, über Pfützen und matschige Stellen zu springen.

BAROCK 'N' ROLL

... an der Oberschwäbischen Barockstraße

#36

Prächtig, prunkvoll, protzig: In kaum einem anderen Landstrich Deutschlands finden sich mehr barocke Architekturschätze als in Oberschwaben. Mit dem Rad geht's geschichtsträchtig und prunkvoll von Laupheim nach Ochsenhausen und wieder zurück.

#Pracht&Prunk #raufaufsRad #mehrGlamourbrauchtdasLand

Auf Schloss Großlaupheim wurden schon viele rauschende Feste gefeiert. Heute ist vor allem der malerische Rosengarten eine beliebte Hochzeitslocation.

Ein beherzter Tritt ins Pedal reicht aus, schon rollt man durch die 1000 Jahre alte Geschichte von Laupheim. Die erste urkundlich erwähnte Stadt Oberschwabens gehörte bis 1805 rechtlich zu Österreich. Bis Anfang des 20. Jahrhunderts lebte hier die größte jüdische Gemeinde Württembergs. Von deren Wirken und Wandel, ihrer Ausgrenzung und Auslöschung während der Zeit des Nationalsozialismus erzählen eindrucksvoll die Inschriften auf den über 1000 Grabsteinen des jüdischen Friedhofs der Stadt. Unbedingt runter vom Sattel und anschauen! Danach radelt man gemütlich zum nächsten Highlight: der schmucken Villa Rot (www.villa-rot.de). Draußen tanzen pinke Rosenblüten um die gelbe

Bekannter Name: Auf dem jüdischen Friedhof von Laupheim sind einige Familienmitglieder von Carl Laemmle, dem Begründer Hollywoods, begraben.

Fassade herum. Drinnen hängt Kunst an den Wänden. Samstags und sonntags gibt's Kaffee und Kuchen im Museumscafé. Einer von vielen tollen Orten entlang der Oberschwäbischen Barockstraße.

Diese führt nun am Flüsschen Rot entlang und aus dem Ort Rot hinaus bis nach Rot an der Rot. Puh, ganz schön viel Rot inmitten von all dem Grün, das sich jetzt rechts und links des schnurgeraden Radwegs erstreckt. Und noch eine Farbe dominiert die Gegend: Gold. Denn während Ende des 17. Jahrhunderts im restlichen Württemberg die Pietisten und Lutheraner Sparsamkeit predigten, ließ man es im katholischen Oberschwaben so richtig mit Stuck, Marmor und Gold krachen. Die prächtig ausgestatteten Barockgebäude wie das kunstvoll bemalte Obere Tor und die Reichsabtei von Rot an der Rot, an denen man vorbeistrampelt, dienten nicht nur der Huldigung Gottes. Sie hatten auch einen ganz pragmatischen Zweck: Mit Glitzer und Glanz sollten die Gläubigen zurückgewonnen werden, die zum Protestantismus übergelaufen waren.

Locker-lässig rollt man bergab durch den Wald, den nächsten Barockschätzchen entgegen. Erst an Steinhausen an der Rottum und der kleinen, feinen Sankt-Anna-Kapelle vorbei, dann immer weiter Richtung Ochsenhausen. Dort angekommen, ist schon über die Hälfte der Strecke geschafft. Höchste Zeit, den fleißigen Waden eine kleine Pause zu gönnen. Entweder mit Nachmittagskaffee im Café Schäfers oder gleich gegenüber im angenehm kühlen Kirchenschiff der spätgotische Klosterkirche St. Georg.

Wenn genügend Zeit ist, lohnt sich eine Führung durch das riesige Gelände des Klosters Ochsenhausen (www.kloster-ochsenhausen.de). Absolutes Highlight ist der atemberaubende Azimutalquadrant. Das große astronomische Messinstrument diente den Mönchen zur Positionsbestimmung der Sterne und war Ende des 18. Jahrhunderts nicht nur sündhaft teuer, sondern auch das einzige seiner Art in ganz Süddeutschland.

Mit den vielfältigsten Eindrücken im Gepäck geht's nun die letzten Kilometer auf dem Öchsle-Radweg (mehr zum Öchsle in Eskapade #15) wieder zurück zum Ausgangspunkt. Eine perfekte Rundtour.

Schwer zu übersehen: Das bullige Kloster Ochsenhausen ist eine der größten barocken Klosteranlagen in Oberschwaben. In den einstigen Empfangsräumen ist heute das Klostermuseum untergebracht.

FAZIT: GLANZ UND GLORIA, GUT AUSGESCHILDERTE RADWEGE UND SPANNENDE SEHENSWÜRDIGKEITEN. MIT DEM E-BIKE ROLLT SICH'S NOCH LEICHTER DURCH DIE GESCHICHTE.

Hin & weg: Von Biberach aus erreicht man Laupheim mit der Bahn RB RS21 in einer Viertelstunde. Fahrräder können im Zug mitgenommen werden.

Beste Zeit: Von Mai bis Oktober.

Dauer & Strecke: Für die gesamte Rundstrecke von 76 km am besten um die 6 Std. Fahrtzeit einplanen. Bei Gutenzell kann Richtung Ochsenhausen abgekürzt werden. Wer eine Pause braucht: Im Ringhotel Mohren (www.ringhotel-mohren.de) in Ochsenhausen lässt es sich gut übernachten.

Ausrüstung: Genügend Wasser, Proviant und Muskelschmalz.

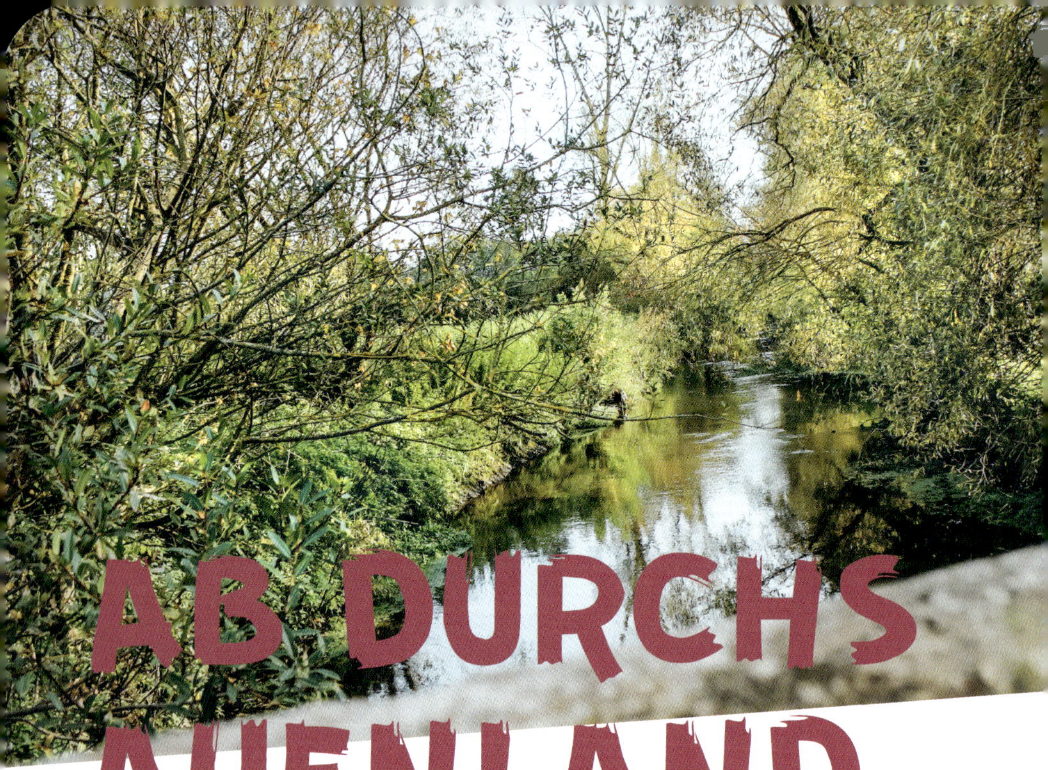

AB DURCHS AUENLAND

... bei Riedlingen

#37

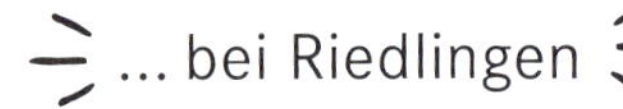

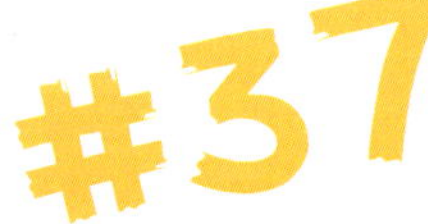

Mal rauschend laut, mal flüsternd leise fließt die Donau am mittelalterlichen Riedlingen vorbei, um danach mit wildromantischen Auwäldern zu verschmelzen. Wer dem Strom folgt, kann spannende Naturerlebnisse mit einem gemütlichen Städtetrip verbinden.

#StadtamFluss #Donauwellen #mittendurchsMittelalter #dieletztenihrerArt

Von wegen, mächtiger Strom: In den Nebenarmen zeigt sich die Donau von ihrer zahmen Seite.

Früher war alles besser? In Bezug auf die weiten, wilden Donau-Auwälder scheint das zu stimmen. Viele der Wälder am Fluss sind im vergangenen Jahrhundert verschwunden. Der natürliche Strom wurde in immer engere Bahnen geleitet. Überschwemmungen, die für das ständige Entstehen und Vergehen der Auen nötig sind, blieben aus.

Doch halt! Ganz verloren ist die bedrohte Landschaftsform noch nicht. Bei Riedlingen befinden sich die letzten zusammenhängenden Donau-Auwälder Baden-Württembergs. Und mittendurch führt ein toller Wanderweg. Also nichts wie hin.

Die Donau weist von Riedlingen aus den Weg ins Naturparadies. Aber erst einmal wird auf der Donauinsel vor der Stadt ein kleiner Fotostopp eingelegt. Das Fachwerkpanorama der historischen Altstadt ragt direkt über dem Fluss auf und ist einfach zu schön, um das Handy nicht zu zücken. Frei und ungezähmt kurvt die Donau im Anschluss durch die immer grüner werdende Landschaft. Auf dem Donauradwanderweg begleitet man den Strom mal ganz nah am Wasser, mal mitten durch saftige Wiesen hindurch bis zur Donaubrücke. Schnell drüberhüpfen, denn am anderen Ufer wartet das Highlight der Tour: das ursprüngliche Eichenwäldle. Märchenhaft frei

und vom Menschen unbeeinflusst plätschert der Fluss hier durch eine intakte Aue. Entlang des schmalen Waldpfads lohnt es, nach den typischen Bewohnern dieses artenreichen Lebensraums Ausschau zu halten. Ein gemütlich dahintreibendes Entenpärchen ist schnell ausgemacht. Auch ein paar flinke Fischchen

Hin & weg: Mit dem RE55 geht's von Sigmaringen aus in knapp 20 Min. bis zum Riedlinger Bahnhof. Von dort sind es 15 Min. zu Fuß in die Altstadt.

Beste Zeit: Frühling, Sommer und Herbst. Freitags ist Markttag, dann ist die Innenstadt besonders lebendig.

Dauer & Strecke: Etwa 2 Std. nimmt die 6,8 km lange Auenrunde in Anspruch. Die gleiche Zeit sollte fürs Flanieren durch Riedlingen eingeplant werden.

Ausrüstung: Körbchen für den Einkauf auf dem Wochenmarkt (freitags) und eine Picknickdecke.

Bis in die 1960er Jahre fanden Schweinemärkte mitten in Riedlingen statt. Die Statue des Schweinehirten erinnert heute noch daran.

flitzen schillernd durchs Wasser. Um weitaus seltenere Arten wie das Tüpfelsumpfhuhn oder die (ungefährliche) Ringelnatter zu erspähen, braucht es deutlich mehr Geduld. Plus eine große Portion Glück. Und trotzdem: Hier haben die bedrohten Tiere noch einen kleinen Rückzugsort gefunden.

Entspannt am Waldrand entlang führt der Weg nun wieder zurück in Richtung Riedlingen. Schade, schon vorbei?! Von wegen, Jetzt fangt der Spaß erst richtig an. Denn der mittelalterliche Kern der Stadt ist eine prall gefüllte Truhe voller Architektur-Schätzchen. So bietet sich beispielsweise ein Besuch des Museums Schöne Stiege in einem der ältesten und imposantesten Gebäude der Stadt an (www.museum-riedlingen.de). In dem Fachwerkhaus aus dem Jahr 1556 sind die spannendsten Geschichten der alten Donaustadt unter einem Dach versammelt. Fun Fact: Die heutige Bundesstraße 311, die an Riedlingen vorbeiführt, wurde 1770 anlässlich der Brautreise von Marie-Antoinette von Österreich nach Frankreich angelegt, um die damals noch großflächigen Donauauen zu umfahren.

Die schönsten Tageseindrücke – und eine große Portion Spaghetti Napoli – verdaut man anschließend auf der schicken Terrasse des Cafés Stadtgespräch (cafe-stadtgespräch.de).

FAZIT: SUPER FÜR DEN FAMILIENAUSFLUG. EIN BISSCHEN STÄDTETRIP, EIN BISSCHEN FLUSSLANDSCHAFT UND EIN BISSCHEN CAFÉ-ZEIT – DA IST FÜR ALLE WAS DABEI.

IN EINEM LAND VOR UNSERER ZEIT

… auf dem Keltenwanderweg bei Herbertingen

Vor über 2500 Jahren war die Heuneburg einer der wichtigsten Handelsknotenpunkte der Kelten im Südwesten Europas. Zu Fuß geht's auf eine Zeitreise, zurück in die Eisenzeit und vorbei an mächtigen Grabhügeln, einer geheimnisvollen Viereckschanze und einer einst prächtigen Keltenstadt.

#GeschichteunterfreiemHimmel #StadtPyrene #GräberundAusgrabungen

Die beeindruckende Metallsilhouette am Eingang des Museums symbolisiert die Größe und den Standort der einstigen Toranlage, durch die die Menschen im 6. Jahrhundert v. Chr. in die Stadt gelangten.

Einfach Wahnsinn, diese Aussicht übers ganze Donautal. Kein Wunder, dass die Kelten sich hier, auf dieser steil über dem Fluss aufragenden Hochebene, einst eine prunkvolle Stadtanlage erbauten. Auf dem mächtigen Fluss, direkt vor der Haustür, transportierten die fleißigen Händler ihre Waren bis nach Frankreich, Italien und in die Schweiz. Das machte die Heuneburg-Bewohner stinkreich. Und obwohl die heutige Wallanlage nicht mehr aus dem 6. Jahrhundert v. Chr. stammt, sondern rekonstruiert wurde, kann man die Größe und Macht des keltischen Fürstensitzes noch bestens erahnen. Aber nicht nur innerhalb der Stadtmauern war in der Eisenzeit so einiges los - auch rings um die Heuneburg gibt's heute noch viele Überreste des keltischen Lebens zu bestaunen.

Hin & weg: Von April bis Oktober verkehrt die Rufbuslinie 419 direkt zwischen dem Herbertinger Bahnhof und dem Heuneburg-Museum. Der Bus muss mindestens eine Stunde vor Fahrtbeginn per Telefon gerufen werden (www.reisch-bus.de).

Beste Zeit: Im Spätsommer und Frühherbst.

Dauer & Strecke: Um die 2,5 Std. für den 8 km langen Rundweg. Für die Besichtigung der Museen nochmals 1-2 Std. einplanen.

Ausrüstung: Feste Schuhe und Wegzehrung. Im Sommer unbedingt einen Hut.

Ein kleiner Wiesenweg führt vom Gelände des Freilichtmuseums weg, mitten hinein in einen lichten Wald. Schon nach wenigen Schritten tauchen vier perfekt gerundete Erdhügel auf: Die letzten Ruhestätten der keltischen High Society. Die Menschen glaubten an ein Leben nach dem Tod und statteten die Erdgrabkammern ihrer Burgherren daher mit ordentlich Gold, zahlreichen Trinkgefäßen, prunkvollen Waffen und sogar Möbeln und Pferdegeschirr aus. Hier, vor den Toren der Stadt, vermutlich dem von Geschichtsschreiber Herodot erwähnten Pyrene, befand sich auch eine große Außensiedlung, mit Werkstätten, Bauernhöfen und Wohnhäusern.

Immer tiefer geht's nun auf schmalen Wegen hinein in den Wald. Die Nadeln der Lärchen färben sich schon gelb unter der Herbstsonne. Zwischen den hohen Bäumen ist es wunderbar still. Weit weg von Zivilisationsgeräuschen verliert man sich nicht nur in Gedanken, sondern auch in der längst vergessenen Keltenwelt. So führt der bärtige Wegweiser bald schon am nächsten Geschichts-Schatz vorbei: Einer 40 Grabhügel umfassenden Nekropole. Mittendrin im Gräberfeld liegt das

Die rekonstruierten Wohnhäuser und Wallanlagen aus der Keltenzeit können auch von innen besichtigt werden. Das Freilichtmuseum Heuneburg ist von April bis November geöffnet.

Hohmichele – einer der größten keltischen Grabhügel Mitteleuropas. Einige der reichen Bestattungsbeigaben kann man, eine knappe halbe Stunde später, im Örtchen Hundersingen bestaunen. Dort liegt das kleine, aber feine Heuneburgmuseum (www.heuneburg.de), samt einer begehbaren Nachbildung der Fürstengrabkammer des Hohmichele.

Am abfallenden Steilhang der Donau entlang verläuft der Weg über sanfte Streuobstwiesen wieder zurück in Richtung Freilichtmuseum. Unterwegs bietet sich noch ein kleiner Schlenker auf dem Zeitstrahl an: die Überreste einer mittelalterlichen Turmhügelburg der Herren von Hundersingen. Die Rundwanderung durch die Geschichte endet schließlich da, wo sie begonnen hat: vor dem metallenen Eingangstor des Freilichtmuseums. Wer noch nicht drin war – rein da!

FAZIT: EINE RUNDREISE DURCH EINE LÄNGST VERGESSENE WELT. NICHT NUR FÜR GESCHICHTSFANS EIN ABSOLUTES MUSS.

DAS HAUS AM SEE

... bei Zielfingen

#39

Einer zum Baden. Einer zum Boot fahren. Zwei zum Angeln. Und einer gehört ganz der Natur. Die fünf Zielfinger Seen in der Nähe des Örtchens Mengen könnten abwechslungsreicher nicht sein. Im Herbst spiegeln sich die goldenen Blätter magisch im Wasser, und es kehrt eine ganz besondere Ruhe ein.

#flanieren&spazieren #Vogelparadies #Augen&Gaumenschmaus

Auf den Liegestühlen des Hauses am See genießt man die letzten Sonnenstrahlen des Tages.

Südsee-Feeling? Dafür muss man nicht ins Flugzeug steigen. Denn einen Südsee gibt es auch in Oberschwaben. Inklusive Sandstrand versteht sich. Im Herbst hat das dazugehörige Seebad zwar geschlossen, aber davon lassen sich zwei mutige Schwimmerinnen nicht abhalten. Sie stehen bereits bis zu den Knien im kalten Wasser. Dann gleiten sie mit spitzen »Ihhs« und »Ohhs« mitten in den See hinein. Wer ebenso unerschrocken ist, kann sich entlang des Spazierwegs am Seeufer eine Badebucht suchen und die eigene Temperaturempfindlichkeit testen. Oder aber trockenen Fußes auf ebenen Wegen durch die kleine, feine Wasserlandschaft der ehemaligen Kiesgruben streifen.

Auf dem Karpfensee treibt ein Ruderboot. Der Angler darin wirft seine Schnur mit einem leisen Surren weit über die spiegelglatte Wasseroberfläche hinweg. Mit einem leisen »Plopp« verschwindet der Köder unter Wasser und zieht dabei weite Kreise. Wer wohl die längere Ausdauer hat? Der Mensch über Was-

Löcher in die Luft starren: Einen Punkt in der Ferne zu fixieren ist eine anerkannte Yoga-Praxis, um die Konzentration zu stärken. Ommm!

ser oder die bis zu zwei Meter langen Waller, die es sich auf dem Grund des Sees gemütlich gemacht haben? Möchte man es rausfinden, bleibt man eine Weile stehen und starrt meditativ mit aufs Wasser.

Weitere lohnenswerte Beobachtungen lassen sich auch ein paar Meter weiter am Vogelsee machen. Fernglas zücken und Augen scharf stellen: Zwischen dichtem Röhricht und auf kleinen Kiesinselchen tummelt sich alles, was

Rang und Federn hat – von der Möwe über den Eisvogel bis zur Flussseeschwalbe.

Huch, vor lauter Gucken verliert man die Zeit ganz aus den Augen. Schon sinkt die Herbstsonne hinter die Bäume und wirft ihr letztes Licht auf die malerische Landschaft. Der perfekte Augenblick für das große Tagesfinale im Haus am See (haus-am-see-restaurant.de). Auf langen Stelzen ragt das Restaurant idyllisch über das Wasser hinweg. Hier wird italienisch-deutsche Küche serviert, und die Natur sorgt für die passende Abendunterhaltung. Heute im Programm: Schwanensee (im Abendrot).

Ein Muss für Camping-Fans: Malerisch zwischen Süd- und Zandersee liegen 20 Wohnmobilstellplätze mit Traumsicht aufs Wasser und mit direktem Seezugang.

Hin & weg: Entweder direkt an den Seen parken oder mit dem Bus bis Krauchenwies fahren und von dort in knapp 40 Min. bis zu den Seen laufen.

Beste Zeit: Ab Oktober werden die Blätter bunt, und an den Seen kehrt Ruhe ein. Im Sommer eignet sich der Südsee perfekt für einen Sprung ins kühle Nass.

Dauer & Strecke: Etwa 3 Std. reine Gehzeit für die 9,9 km lange Runde.

Ausrüstung: Im Sommer an Badesachen denken. Immer gut sind Proviant und Fernglas.

FAZIT: NATURSCHATZ, VOGELPARADIES, BADE-ELDORADO – DIESE SEENPLATTE KREDENZT DAS VOLLE WASSERSPAß-PROGRAMM.

ALLE JAHRE WIEDER

Als eine der schönsten Städte Baden-Württembergs weiß Ulm seine Gäste das ganze Jahr über zu begeistern. In der Vorweihnachtszeit hüllen sich die mittelalterlichen Gassen rund um das Münster aber nochmal in einen ganz besonderen Glanz. Die perfekte Gelegenheit für einen ausgiebigen Stadtspaziergang.

#Lichterglanz #Maroniduft #StadttrifftPark #Citytrip

Es weihnachtet sehr. Anfang Dezember erstrahlt ganz Ulm im Lichterglanz. Einfach magisch!

Wo sonst sollte man eine Stadttour durch Ulm starten als am 161,53 Meter hohen Wahrzeichen: dem Ulmer Münster?! Erster Tagesordnungspunkt: Die Besteigung des höchsten Kirchturms der Welt. 768 Stufen später bietet sich ein fantastischer Blick über die rauchenden Kamine der Stadthäuser und die ameisenkleinen Menschen auf dem Weihnachtsmarkt, die sich zwischen den Buden und Ständen auf dem Münsterplatz drängeln. Wieder unten angekommen, geht's, mit einer warmen Tüte gebrannter Mandeln in der Hand, durch die lichtergeschmückte Platz- und Herrenkellergasse zur Bäckerei Zaiser. Hinter dem holzgerahmten Schaufenster des Traditionsgeschäfts wandert ein Ulmer Zuckerbrot nach dem anderen über die Ladentheke. Wer es noch nicht kennt, sollte das süße Hefegebäck mit Anisnote unbedingt probieren. Die Stadtspezialität war einst ein Luxusprodukt, das gerne mal an Adelshäuser im Ausland als Gruß aus Ulm versendet wurde. Oder doch lieber ordentlich aufwärmen mit einer heißen Tasse Tannenspitzentee? Die gibt's gleich gegenüber der Bäckerei, im charmanten Wohnzimmercafé Fräulein Berger (www.fraeuleinberger.de).

Auch wenn man dort am liebsten im tiefen Ohrensessel versacken möchte, lockt dann doch die weitere Erkundungstour. Erst durch die Alt- und dann durch die Oststadt, bevor schließlich die weiten Wiesen der Friedrichsau auftauchen. Wer genug vom kalten Winterwetter hat, findet mitten in der riesigen Parkanlage sogar ein kleines Tropenhaus. Aber auch

Hin & weg: Der Ulmer Hauptbahnhof ist ein riesiger Verkehrsknotenpunkt. Aus ganz Baden-Württemberg, aber auch von München aus ist Ulm daher bestens mit dem Zug zu erreichen. Zu Fuß sind es nur 6 Min. bis in die Innenstadt.

Beste Zeit: Ab Ende November hüllt sich die Stadt in weihnachtlichen Lichterglanz. Ulm ist allerdings zu jeder Jahreszeit sehenswert.

Dauer & Strecke: Mit Besteigung des Kirchturms und Kaffeepause(n) um die 4 Std. für die 10 km lange Strecke.

Ausrüstung: Warme Kleidung und einen langen Atem für die Besteigung des Ulmer Münsters (www.ulmer-muenster.de).

Das Gasthaus Zur Forelle ist im ehemaligen Zunfthaus der Fischer von Ulm untergebracht. Neben Fisch gibt's auch Vegetarisches.

der gemütliche Spazierweg zurück in Richtung Innenstadt, der direkt an der gemächlich dahinfließenden Donau entlangführt, sorgt für warme Gedanken und Fußsohlen.

Rot-weiß und mächtig schief ragt an der Adlerbastei auf einmal der Berblinger Turm schräg über dem Fluss auf. Wer die zweifarbigen Stufen erklimmt und aus 20 Metern Höhe Richtung Boden linst, kann gut nachvollziehen, wie nervös der Schneider und Flugpionier Albrecht Ludwig Berblinger hier 1770 seinem Flugversuch mit einem selbstkonstruierten Flugapparat entgegenfieberte. Anders als zu Berblingers Zeiten muss man heute aber keine Bruchlandung in die Donau mehr befürchten. Trockenen Fußes gelangt man stattdessen über eine kleine Treppe hinauf auf die 72 Meter lange und 540 Jahre alte Stadtmauer. Diese führt zu einem weiteren historischen Stadthighlight: Dem Gerber- und Fischerviertel. Das schimmernde Wasser der Blau umspült die windschiefen Fachwerkfassaden und alten Mühlräder dort noch heute wie vor Hunderten von Jahren.

Ein Besuch im Traditionsrestaurant Zur Forelle (www.ulmer-forelle.de) rundet den Ulm-Trip stilecht ab. Im holzverkleideten Gastraum lässt man sich schwäbische Klassiker schmecken und auch die üppig dekorierte Fassade ist ein weihnachtlicher Augenschmaus.

FAZIT: IN DER VORWEIHNACHTSZEIT MACHT EIN BUMMEL DURCHS LEUCHTENDE ULM BESONDERS VIEL SPAß.

3. KAPITEL MINIURLAUB

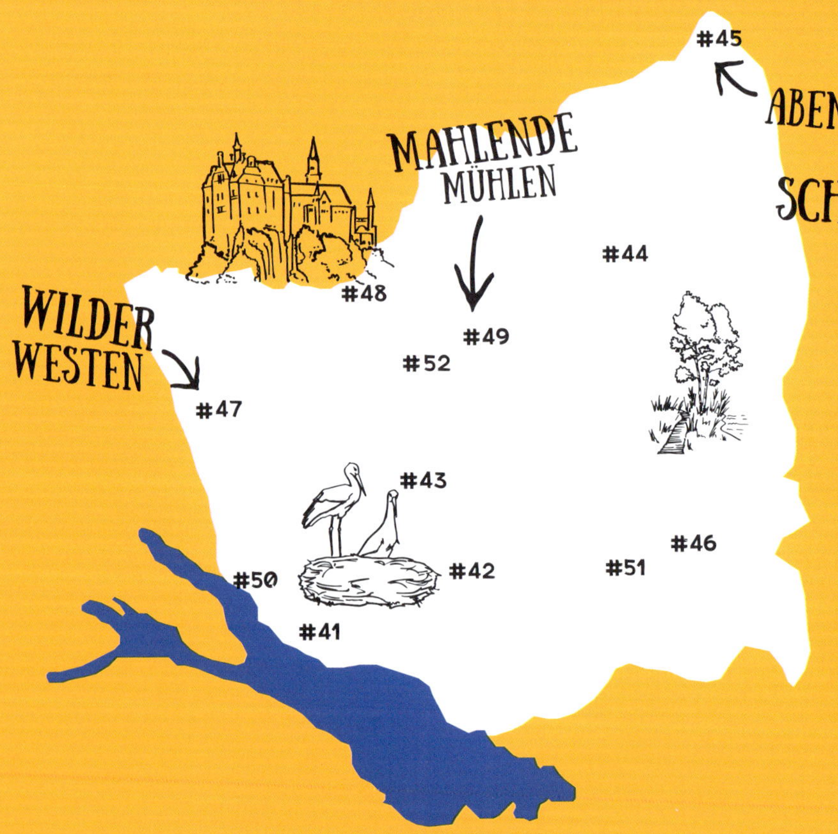

Ferien für ein (langes) Wochenende

36H

Auf dem Jakobsweg probepilgern, den Wilden Westen erobern und durch tiefe Tobel toben. Diese Minireisen sorgen für maximale Glücksgefühle.

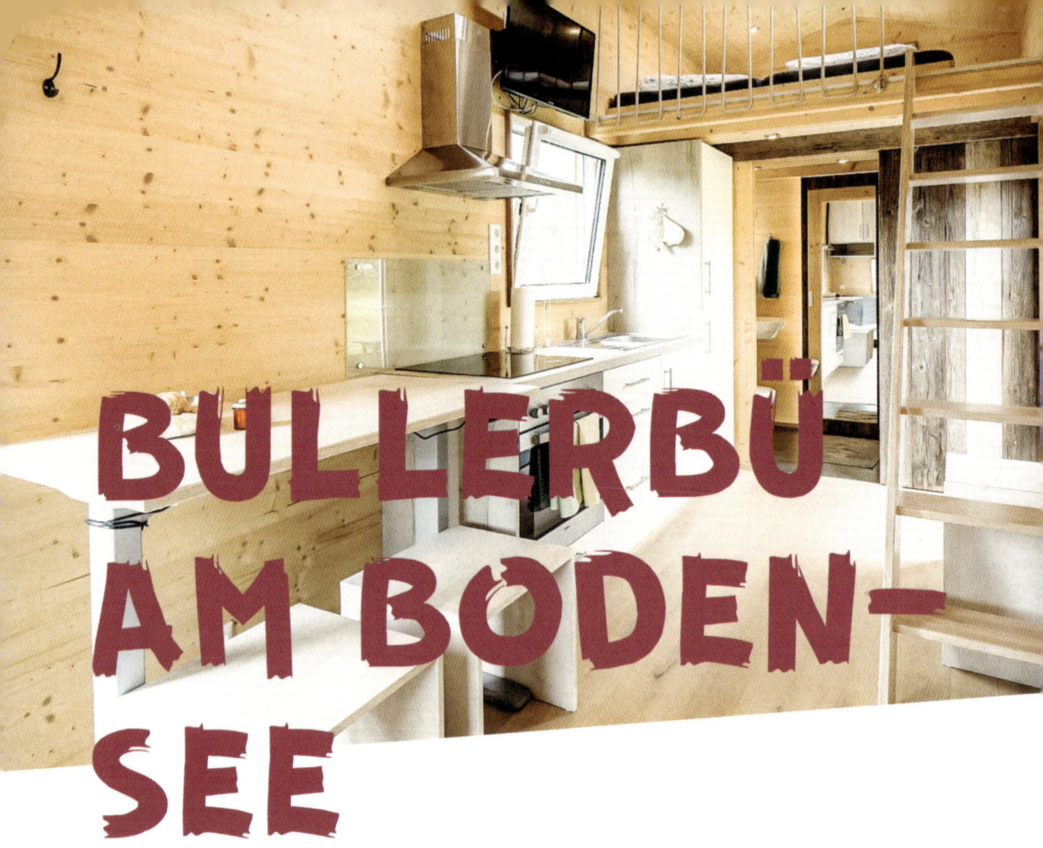

BULLERBÜ AM BODEN-SEE

... auf dem Biolandhof Gessler bei Markdorf

#41

Umgeben von blühenden Obstbäumen und weiten Wiesen, liegt der Bauernhof der Familie Gessler nur einen Steinwurf vom Bodensee entfernt. Der perfekte Ort für eine frühlingshafte Auszeit im minimalistischen Tiny House. Und um mit süßen Bauernhoftieren zu kuscheln.

#alleinunterHühnern #Frühlingsboten #achwiesüß #ZeitfürsWesentliche

Meckernde Frühlingsboten: Zicklein kommen meist gegen Ende des Winters auf die Welt.

Einen Wecker braucht man sich nicht zu stellen. Denn pünktlich zum Sonnenaufgang begrüßen die Hähne des Hofes ihre Hühner und alle anderen Übernachtungsgäste mit ein paar kräftigen »Kikerikiiiis«. Auf dem Herd blubbert das Wasser für den Tee und mit einer frisch aufgebrühten Tasse geht's raus auf die kleine Holzterrasse des Tiny Houses. Mmmhhh, der Frühling liegt in der Luft, und die ersten Sonnenstrahlen des Tages kitzeln in der Nase. Eine Hummel flitzt vorbei, auf der Suche nach ihrem Frühstück. Gute Idee! Der eigene Magen beginnt auch langsam zu knurren: Also flink in den Hofladen hüpfen, ein paar frischgelegte Eier kaufen und in die Pfanne hauen. So geht ein Urlaub auf dem Bauernhof doch gut los, oder?

Auf dem Biolandhof der Familie Gessler dürfen die Gäste ganz nah dran sein am täglichen Betrieb. Erst ein Besuch bei den Küken im Hühnerstall, dann eine Stippvisite bei der grasenden Schafherde und zum Abschluss noch den glücklich wühlenden Schweinen zuwinken. Ein kleines Auszeit-Paradies, nicht nur für Tierfreunde. Direkt am Hof führt der

Jakobsweg vorbei. Wer möchte, schnürt die Wanderschuhe und begleitet vorbeikommende Pilgernde ein Stück weit bis zum Bodensee. Oder man legt die Füße einfach mal für eine Weile im Liegestuhl hoch und schaut den Bienen beim Bestäuben der ersten Apfelblüten im Obstgarten zu.

Abends wird die Feuerschale angeheizt, um die noch junge Grillsaison einzuläuten.

Aber nicht nur vom Schein des Feuers kann man sich in der noch kühlen Frühlingsnacht wärmen lassen. Auch in der kleinen Iglu-Sauna lodert schon der Ofen. Dampfender Aufguss. Eiskalte Dusche. Dann ab unter die kuschelige Bettdecke und schon mal vom nächsten Tag träumen. Da steht nämlich ein Ausflug zum nahegelegenen Weingut Aufricht (www.aufricht.de) an. Dort verkostet man feinste Bodenseeweine mit magischer Aus-

Ein Ort wie aus dem Bilderbuch: Zwischen Obstbäumen und grasenden Schafen genießt man auf dem Biolandhof laue Abende und das süße Nichtstun. Und den einen oder anderen Abstecher in die Sauna.

sicht aufs Wasser. Aber auch ein Abstecher ins schöne Meersburg (mehr dazu in Eskapade #14), oder eine Bootstour auf die üppig blühende Bodenseeinsel Mainau sind immer eine gute Idee. Etwas sportlicher wird's auf der familienfreundlichen Apfelradlrunde, die auf 41 Kilometern Länge an Obsthöfen und prächtigen Apfelplantagen vorbeiführt. Die Möglichkeiten sind endlos, die Urlaubstage leider nicht. Macht aber nichts. Man kann ja einfach im Sommer wiederkommen.

FAZIT: NAH AN DER NATUR. NAH AN DEN TIEREN. EINE AUSZEIT AUF DEM BAUERNHOF IST BALSAM FÜR DIE SEELE UND EINE SCHÖNE ART, DEN FRÜHLING ZU BEGRÜßEN.

Hin & weg: Für alle, die Gepäck dabeihaben, eignet sich die Anreise mit dem eigenen PKW am besten. Auf dem Hof stehen genügend Parkplätze zur Verfügung.

Beste Zeit: Ab Ende März bis Ende September.

Dauer & Strecke: Zwischen 5 (in der Nebensaison) und 7 Nächten (in der Hauptsaison) kann man in den Tiny Houses auf dem Biolandhof unterkommen. Für die 11,6 km lange Wanderung sollte man etwa 3 Std. einplanen.

Ausrustung: Ein gutes Buch und eine gute Flasche Wein. Für alles andere ist gesorgt. Auch für WLAN.

Wenn es Nacht wird: Auf dem Gelände des Biolandhofs Gessler stehen vier Tiny Houses für 2 bis 4 Personen und eine gemütlich eingerichtete Ferienwohnung im Bauernhaus zur Verfügung. Alle Verfügbarkeiten sieht man direkt auf der Homepage (biolandhof-bodensee.de).

STADT, LAND, FLUSS ...

... rund um Ravensburg

#42

Stadt der Spiele, Stadt der Türme, Stadt mitten in der Natur. Wer nach Ravensburg kommt, bleibt am besten gleich ein paar Tage. Denn neben der historischen Altstadt mit tollen Geschäften zum Bummeln gibt's auch Wälder, Wasserfälle und Wildgehege zu bestaunen.

#Städteperle #Wasserfallmarsch #alteMauernneueErfahrungen

Aus sechs Metern Höhe stürzt das Wasser des Buttenmühlebachs in den Rinkenburger Tobel.

Diese Stadt strotzt nur so vor Geschichte. Prächtige Patrizierhäuser, mächtige Wachtürme und wuchtige Kirchtürme machen klar: Schon im Mittelalter pflegte man hier einen guten Lifestyle. Und auch heute noch kann man es sich in den Gassen und auf den Plätzen Ravensburgs, dem Zentrum des südlichen Oberschwabens, so richtig gut gehen lassen. Also los: Flugs das Gepäck im schnieken Zimmer des Hotels deponieren und dann ausgiebig durch die alten Straßen flanieren. Sobald das Wetter es zulässt, werden die bunten Sonnenschirme der Straßencafés und Restaurants aufgespannt. Schnell zu Clausgemacht (www.clausgemacht.de) und am hausgemachten Eis in der (frischen!) Waffel schlecken. Fühlt sich fast an wie in Italien!

Apropos: Das südliche Flair kommt in Ravensburg nicht von ungefähr. Von hier aus verschickte die Patrizierfamilie Humpis im Mittelalter edle Stoffe und Gewürze bis nach Spanien und Italien – und machte die Stadt damit zu einer bedeutenden Handelsmetro-

pole in Europa. Das gleichnamige Humpis-Quartier (www.museum-humpis-quartier.de) beherbergt das Museum für Stadtgeschichte. Vor allem aber kann man dort noch heute die ehemaligen Wohnräume der Kaufleute besichtigen, die Ravensburg reich gemacht haben. Die hart verdienten Gulden wurden unter anderem in den Ausbau des Blaserturms investiert. Schlappe 212 Treppenstufen müssen Interessierte auch heute noch hinter sich bringen, um von dessen Spitze die ganze Stadt zu überblicken.

Wer dann doch mal raus will aus den Stadtmauern, muss nicht weit gehen, um von Natur umgeben zu sein: Nur zwei Kilometer weiter bergauf beginnt das Waldgebiet Locherholz. Am Futterautomat werden ein paar Pellets gekauft, und schon wird den Mufflons und Rehen im dortigen Wildfreigehege ein (Freund-

---

Hin & weg: Vom Ravensburger Bahnhof aus kann man gemütlich in wenigen Minuten in die Innenstadt laufen. Zum Schmalegger Tobel gelangt man mit der Linie 1 des Stadtbusses Ravensburg/Weingarten.

Beste Zeit: Die Stadt und ihre Umgebung sind das ganze Jahr über einen Besuch wert. Im Sommer lohnt sich ein Ausflug zum Naturfreibad am Flappach-Weiher.

Dauer & Strecke: Am besten das ganze Wochenende für ausgiebige Erkundungen einplanen. Etwa 2,5 Std. dauert die 8,9 km lange Wanderung.

Ausrüstung: Feste Schuhe für die teils unbefestigten Wege durch die Tobellandschaft und etwas Schickes für den abendlichen Absacker in der Hotelbar. Auf die Balance kommt's an.

Wenn es Nacht wird: Ausgesprochen gut lässt sich's im nagelneu renovierten Hotel Kaiserhof (www.kaiserhof-rv.de) nächtigen. Das Gebäude versprüht den Glanz alter Zeiten. Kein Wunder, schließlich steigen stilbewusste Gäste seit über 100 Jahren in dieser schicken Bleibe ab.

In und um Ravensburg kann man sich nicht nur an der vielfältigen Natur, sondern auch an vielen Leckereien laben. Zum Beispiel an einem Rote-Beete-Flammkuchen aus dem Holzofen.

schafts-)Angebot gemacht, das sie nicht abschlagen können.

Früh am nächsten Morgen steht die nächste Exkursion ins Grüne an. Gleich hinter dem alten Forsthaus des Vororts Schmalegg schwingt sich ein breiter Waldweg hinab ins verwunschene Reich des Rinkenburger Tobels. Aufmerksam hinhören! Erst kann man das stete Rauschen des Wasserfalls nur hören. Dann, einem kleinen Trampelpfad folgend, sieht man die Fluten der Ach auch schon über den mächtigen Felsvorsprung stürzen. Was für ein Naturspektakel. Ganz in der Nähe der Stadt und doch weit entfernt von jeglichem Trubel. Wer möchte, folgt dem knapp vier Kilometer langen Wanderweg am Buttenmühlenbach entlang, den steilen Steigtobel hinauf und wieder zum Ausgangspunkt. Und nun? Wie wär's mit einem Besuch im Ravensburger Spieleland (www.spieleland.de)? Die Attraktionen gehen dieser Stadt bestimmt nicht so schnell aus.

FAZIT: TÜRME, TOBEL UND TOLLE ERLEBNISSE. IN UND UM DIE STADT DER SPIELE RAVENSBURG WIRD'S GARANTIERT NICHT LANGWEILIG.

HOCH, HÖHER, HÖCHSTEN

… zwischen Bodensee und Donau

#43

Zwischen Illmensee und Bodensee geht's hoch her. Auf 433 Metern über dem schwäbischen Meeresspiegel lässt man sich auf dem Höchsten den Wind um die Nase wehen, genießt die Aussicht auf die weite Welt – und gute Hausmannskost im gleichnamigen Berggasthof.

#Hochgefühle #Wanderlust #BodenseeimBlick #überallWasser

Mit einem leisen Surren gleitet der Reißverschluss des Zelts auf und frische Morgenluft strömt herein. Erste Amtshandlung des Tages: auf den menschenleeren Badesteg hinaustapsen und sich ordentlich recken und strecken. Am anderen Ufer des Illmensees stehen schon die Ruderboote bereit, der Badestrand ist frisch geharkt, die lange Wasserrutsche wartet auf jauchzende Badegäste. Noch ist es nicht warm genug, um entspannt in den Eiszeitsee zu hüpfen. Eine Umrundung lohnt sich aber allemal. Über kleine Holzschnitzel federt man

Auf dem Aussichtsturm des Höchsten weht ein frisches Lüftchen. Kein Wunder, schließlich steht er auf dem größten Berg Oberschwabens.

auf einem Naturlehrpfad in knapp eineinhalb Stunden um das gesamte Gewässer herum. Und macht immer mal wieder Halt, um von einem Bootssteg den Blick übers Wasser schweifen zu lassen. Auf einem davon hat es sich eine Katze in der Sonne gemütlich gemacht. Sie lauert gespannt auf die unter ihr dahingleitenden Fische. Doch weder ihr noch dem Angler, der einige Meter entfernt in seinem Boot auf dem Wasser treibt, scheint an diesem Morgen Petri hold zu sein. Gut, wenn man sich stattdessen einfach das eigene Frühstück an den See mitbringt. Auf einer Bank mitten in einem kleinen Birkenwäldchen schmeckt der Kaffee aus der Thermoskanne gleich doppelt so gut.

Jetzt aber los: Zelte abbrechen und schultern. Denn nun geht's frisch gestärkt rauf in Richtung Höchsten. Der Weg führt vom Illmensee ganz gemütlich durchs nahegelegene Tannenwäldle und an der barocken, über 300 Jahre alten Lorettokapelle vorbei. Nochmal kurz durchatmen und über Wiesen sowie durch den Bettenreuter Wald immer dem Tagesziel entgegen: dem Höchsten. Der Name des Bergs ist Programm, schließlich handelt es sich hier mit 842,6 Höhenmetern um die größte Erhebung Oberschwabens. Hach, wie schön! Auf dem Bergrücken angekommen, eröffnet sich vom hölzernen Aussichtspavillon aus ein atemberaubender Blick über den nahen Bodensee und die dahinter aufragenden Alpen. Gleich nebenan thront der Berggasthof Höchsten (hoechsten.de/restaurant) in bester Aussichtslage über den Dingen.

Auf der Panorama-Terrasse lässt man sich erst mal auf einen Gartenstuhl plumpsen, bestellt ein Radler und eine »Fuhre Mist«. Dahinter verbirgt sich ein urschwäbischer Zwiebelrostbraten, der in einem kleinen Mistkarren auf den Tisch gerollt kommt. Skurril und unglaublich lecker. Schnell wird entschieden, auch noch eine Nacht im angrenzenden Natur Erlebnis Hotel zu verbringen. Die Aussicht auf Sauna und Massage klingt zu verlockend, um das Angebot auszuschlagen.

Und am nächsten Tag? Einfach treiben lassen. Durch den angrenzenden Wald. Durch das grüne Deggenhausertal und kleine Ortschaften wie Unter- und Oberhomberg.

FAZIT: ANDAUERNDE HOCHGEFÜHLE DURCH TOLLE AUSSICHTSPUNKTE, LECKERES ESSEN UND DIE VIELSEITIGE LANDSCHAFT.

Hin & weg: Von Ravensburg und Pfullendorf aus gibt es Busverbindungen nach Illmensee (Linie R70). Die Buslinie 41 fährt direkt vor dem Berggasthof Höchsten ab bis ins Deggenhauser Tal, wo weitere Anbindungen zur Verfügung stehen.

Beste Zeit: Frühjahr bis Herbst. Wer einen Badeurlaub am Illmensee plant, kommt von Juni bis September.

Dauer & Strecke: 2 Nächte, 2 Tage. Am ersten Tag um die 2,5 Std. für den 7 km langen Aufstieg vom Illmensee auf den Höchsten (mit Pausen) einplanen. Am zweiten Tag kann die hier angegebene Runde von 9,4 km, für die man etwa 2,5 Std. braucht, beliebig verkürzt und erweitert werden.

Ausrüstung: Ein Zelt für die erste Nacht auf dem Campingplatz, ein mit Proviant gefüllter Wanderrucksack und gute Schuhe.

Wenn es Nacht wird: Direkt am Illmensee kann man auf dem Campingplatz Seewiese im eigenen Zelt oder im kuscheligen Schlaffass übernachten (www.camping-illmensee.de). Wer's komfortabler und moderner mag, bucht eines der Naturzimmer des Natur Erlebnis Hotels Höchsten (www.hoechsten.de).

PROBE-PILGERN

... auf dem Oberschwäbischen Jakobsweg

Es muss ja nicht gleich die ganze Strecke bis nach Santiago de Compostela sein. In Oberschwaben kann man eine Schnupperrunde auf dem Jakobsweg drehen. Der gelben Muschel folgend, kommt man dabei an prunkvollen Barockjuwelen und unbezahlbaren Naturschätzen vorbei.

#immerderMuschelnach #Kirchen&Kunst #fürTeilzeitpilger #Wandernmitanderen

Prägende Figur: Das Marienbild der Wallfahrtskirche Steinhausen auf dem Pilger-Sticker.

In Bewegung kommen. Erleuchtet werden. Das Abenteuer suchen. Den Kopf frei machen. Die Gründe fürs Pilgern auf dem Jakobsweg sind so zahlreich wie die Kilometer, die man dabei hinter sich bringt. Ursprünglich galt der Fernwanderweg, der durch ganz Europa bis zum Grab des Heiligen Jakobus in Spanien führt, als ultimative spirituelle Erfahrung für Gläubige. Auch heute ist die Religion immer noch ein Teil des Pilgerns, aber keine Voraussetzung dafür. Also, einfach mal drauflosslaufen. Könnte ja gut werden. Insgesamt ist der Abschnitt des Jakobswegs, der mitten durch Oberschwaben führt, knapp 160 Kilometer lang. Los geht's direkt am Ulmer Münster. Und wer genügend Motivation und Zeit mitbringt, erreicht zehn Tage und ebenso viele Etappen später den Bodensee. Das Beste daran: Man kommt während der Pilgerreise ganz entspannt an einigen der schönsten Sehenswürdigkeiten der Region vorbei.

Abkürzen ist übrigens erlaubt: Und so startet der Weg fürs Wochenende einfach direkt mit der dritten Etappe. Von Biberach nach Steinhausen. Schon auf dem ausladenden Markplatz in Biberach wandert einem ein kleines Pilger-Grüppchen mit schwingenden Laufstöcken und prall gefüllten Rucksäcken entgegen. Man kommt ins Gespräch. Die barocke Stadtkirche St. Martin muss man gesehen haben, sagen sie. Na dann, nichts wie

Die Altstadt von Bad Waldsee beeindruckt mit alten Fachwerkgebäuden und gotischen Fassaden. Besonders schön ist die des Spitals zum Heiligen Geist.

rein in das älteste und größte Gotteshaus des Ortes. Das Deckenfresko aus dem Jahr 1746 ist schon mal eine Wucht. Schnell noch einen Kaffee im Schimpanski Café-Deli (Marktplatz 13) trinken und dann immer der gelben Muschel auf blauen Grund nach. Oder gegebenenfalls dem GPS-Track. Ja, auch Pilgern ist digital geworden.

Hin & weg: Die meisten großen Städte, an denen der Jakobsweg vorbeiführt, wie Ulm, Biberach oder Weingarten, sind gut mit dem Zug zu erreichen. Eine genaue Übersicht aller Haltestellen bietet www.thetrainline.com

Beste Zeit: Von Mai bis Oktober.

Dauer & Strecke: Der oberschwäbische Abschnitt des Jakobswegs ist insgesamt 160 km lang und führt von Ulm bis nach Konstanz. Für den ganzen Weg sollte man mindestens 10 Tage einplanen. Die vorgestellte Route startet in Biberach und führt am ersten Tag auf 12,6 km (3,5 Std. Gehzeit) bis nach Steinhausen. Am zweiten Tag sind es 23 km und 5,5 Std. bis nach Bad Waldsee. Eine detaillierte Übersicht über die einzelnen Etappen bietet die Homepage www.oberschwaben-tourismus.de

Ausrüstung: Regenfeste Kleidung und genügend Proviant. Nice to have: ein Pilgerausweis und die obligatorische Jakobsmuschel als Pilger-Erkennungszeichen am Rucksack. Beides gibt's bei der Schwäbischen Jakobusgesellschaft (www.haus-st-jakobus.de).

Wenn es Nacht wird: Eine Übersicht der Unterkünfte entlang des Jakobswegs findet man auf www.oberschwaben-tourismus.de. Für die im Text erwanderten Etappen eignen sich der urige Landgasthof zur Linde (www.zur-linde-steinhausen.de) und der Gasthof Kreuz in Bad Waldsee (www.kreuz-gasthof.de) besonders gut.

Pilger, die es bis nach Santiago de Compostela schafften, kauften dort im Mittelalter eine Muschel um zu beweisen, dass sie den beschwerlichen Jakobsweg tatsächlich zurückgelegt hatten.

Durch ein schönes Mühlental führt der Weg sanft durch Wiesen und Wälder und immer mal wieder durch kleine Ortschaften hindurch, bis nach etwa drei Stunden der 60 Meter hohe Glockenturm der Wallfahrtskirche St. Peter und Paul in Steinhausen in Sicht kommt. Diese zu besichtigen ist ein absolutes Muss. Schließlich schmückt sich das Gebäude aus dem 18. Jahrhundert nicht nur mit einer ordentlichen Menge Gold, sondern auch mit dem Titel »Schönste Dorfkirche der Welt«. Die Sinne der Pilgernden sollten von der architektonischen Pracht förmlich überwältigt werden. Deshalb einfach mal auf einer knarzenden Holzbank Platz nehmen, still sein und die Umgebung auf sich wirken lassen. Und nicht vergessen: Für die erfolgreich absolvierte Etappe gibt's am Kirchenausgang den verdienten Sticker fürs Pilgerheftchen.

Gleich gegenüber der Kirche werden die engen Wanderschuhe für den restlichen Tag im Landgasthof zur Linde abgestreift. Dort kann man nicht nur sehr gut essen, sondern auch entspannt übernachten.

Am nächsten Morgen wird der Rucksack wieder geschultert, und weiter geht's, Schritt für Schritt dem nächsten Etappenziel Bad Waldsee und absoluter Entspannung entgegen.

FAZIT: DER WEG IST DAS ZIEL. AUF DEM OBERSCHWÄBISCHEN JAKOBSWEG KOMMT ES NICHT AUF DIE ZURÜCKGELEGTE STRECKE, SONDERN AUFS ERLEBEN DER UMGEBUNG AN.

AUF DER SCHWÄB'SCHE EISEBAHNE

#45

Schtuegart, Ulm und Biberach, Mekkebeure, Durlesbach: Auf den Spuren der »schwäbischen Nationalhymne« kann man noch heute an den vielbesungenen Stationen der Eisenbahnstrecke haltmachen und die Region mit dem Zug entdecken. Alle einsteigen, bitte! Zum Sightseeing auf Schienen.

#ZugumZug #Citytripmalanders #KurztripaufSchienen

Als die Königlich Württembergischen Staats-Eisenbahn 1849 zum ersten Mal durch Oberschwaben ratterte, wollte nicht nur das Bäuerle mit der schwäb'schen Eisenbahn fahren, wie es das gleichnamige Volkslied suggeriert. Vielmehr sorgte die erste durchgehende Bahnstrecke, die von Stuttgart nach Friedrichshafen führte, für einen enormen wirtschaftlichen Aufschwung in der Region. Und ermöglichte es einem Großteil der ländlich lebenden Bevölkerung, zum ersten Mal im Leben die Welt außerhalb des eigenen Dorfs zu entdecken.

Noch heute verkehrt der Regionalexpress mehrmals täglich auf der berühmten Strecke. Los geht's in Stuttgart, gerne kann aber auch erst in Ulm zugestiegen werden. Und dann ab zur ersten Haltestation: der 800 Jahre alten Weberstadt Biberach an der Riß. Früher königliche Reichsstadt, heute ein wichtiges Wirtschaftszentrum. Vom Bahnhof sind es nur ein paar Schritte bis in die historische Altstadt. Dort bewundert man den wunderschönen Marktplatz, spürt der Stadtgeschichte im Museum Biberach (www.biberach-riss.de > Tourismus, Kultur & Freizeit > Kultur > Museum Biberach) nach und genießt einen genialen Überblick über das bunte Treiben von der Schillerhöhe auf dem Gigelberg. Nur keine Eile: Am besten nimmt man sich den ganzen Tag Zeit, um die kleinen Boutiquen, Fachwerkschätzchen, versteckten Cafés und Restaurants zu entdecken. Extra-Tipp: Unbedingt einen Tisch im Kulinarium (www.kulinarium-biberach.de) reservieren. Nach dem Essen wird dann noch im Jordanbad (www.jordanbad.com) entspannt. Herrlich unaufgeregt, dieses Biberach!

Der Anschluss ans Netz der Württembergischen Eisenbahn katapultierte Biberach 1849 ins nächste Jahrhundert und sorgte für wirtschaftlichen Aufschwung.

Am nächsten Morgen hüpft man ausgeschlafen vom Hotelbett direkt in den nächsten Regionalexpress Richtung Friedrichshafen. Schon knappe 20 Minuten später kommt das beschauliche Aulendorf in Sicht. Wer möchte, steigt aus, um durch das markante Stadtschloss zu flanieren (www.schloss-aulendorf.de) oder durchs weiche Wasser des Naturbads Steeger See zu gleiten (mehr dazu in Eskapade #9).

Letzte Station der Reise ist Meckenbeuren. So nah am Bodensee schmeckt man zwischen Hopfen und Humpisschloss den Süden schon förmlich. Naja, zumindest nach ein paar Ouzo mit Konstantinos. Auf der Terrasse seines nach ihm benannten Restaurants (www.grieche-meckenbeuren.de) gibt's große Vorspeisenteller, gegrilltes Gyros und gute Tipps. Beispielsweise, wie man am schnellsten zu Fuß nach Friedrichshafen kommt. Das liegt nämlich gerade einmal elf Kilometer entfernt. Wer nicht laufen will, kauft einfach ein neues Billetle für das letzte Stück der schwäbischen Eisenbahnstrecke.

Übrigens: Der Bahnhof Durlesbach dient seit seiner Stilllegung 1984 nicht mehr als Haltestelle. Ein Besuch lohnt sich für Eisenbahnfans trotzdem. Denn hinter dem ehemaligen Bahnhofsgebäude (heute in Privatbesitz) stehen eine Nachbildung des Bäuerles, seines Ziegenbocks und der mächtigen Dampflock.

FAZIT: SCHIENENABENTEUER AUF DEN SPUREN DES BERÜHMTEN VOLKSLIEDS. NETTER BONUS SIND DIE VIELEN THERMEN ENTLANG DER STRECKE.

Hin & weg: Die Bahnlinie RE5 fährt mehrfach täglich vom Stuttgarter Hauptbahnhof über Ulm, Biberach und Meckenbeuren bis nach Friedrichshafen. Insgesamt werden 13 Haltestellen angefahren.

Beste Zeit: Das ganze Jahr über empfehlenswert.

Dauer: Für die eigentliche Fahrt von Ulm nach Meckenbeuren benötigt der Zug nur eine knappe Std. Wer die Region entdecken will, steigt unterwegs aber immer wieder aus und übernachtet vor Ort. So dauert die Reise gut und gerne 2 bis 4 Tage. Je nach Lust und Laune.

Ausrüstung: Billetle für die Fahrt gibt's vorab unter www.bahn.de

Wenn es Nacht wird: Empfehlenswerte Übernachtungsstopps entlang der Strecke sind das moderne Aiden Hotel (www.bestwestern.de) direkt am Bahnhof in Biberach und das Thermalhotel Aulendorf (www.thermal-hotel.com) samt kompletter Bade- und Saunalandschaft.

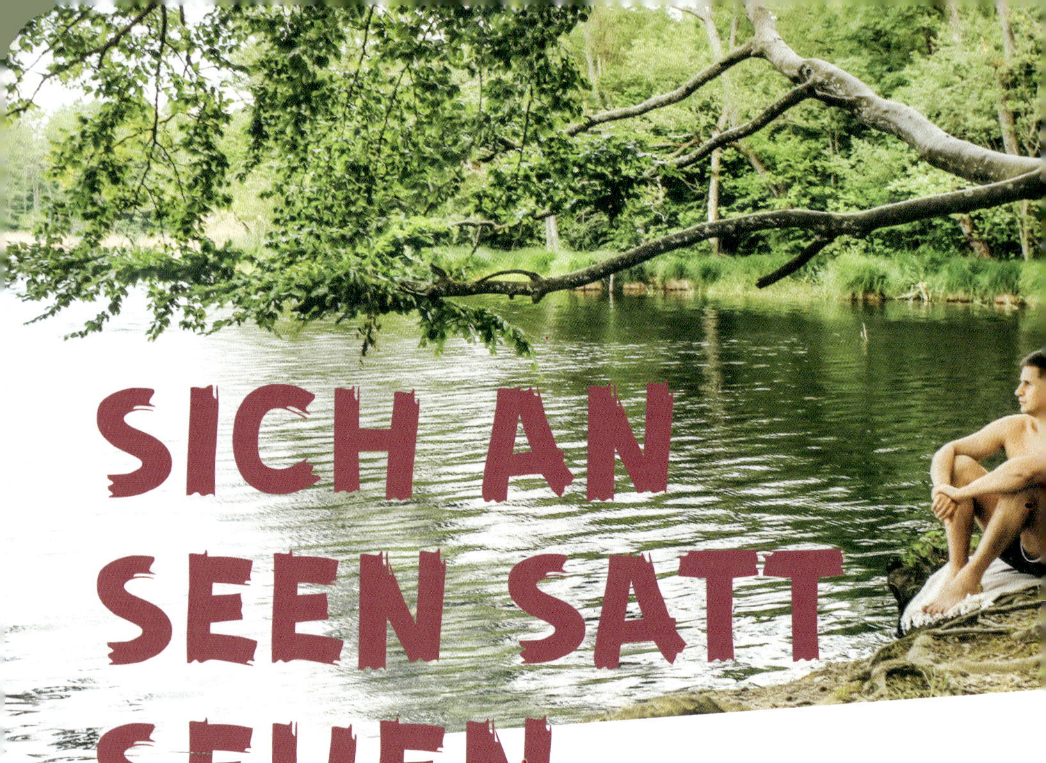

SICH AN SEEN SATT SEHEN

... rund um Kißlegg

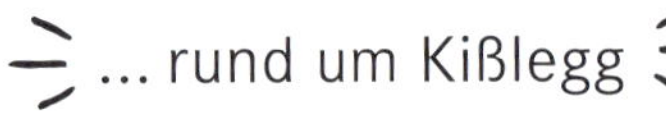

#46

Nach Kißlegg kommt man zum Entspannen. Schließlich ist die kleine Gemeinde im Westallgäu nicht nur Luftkurort, sondern wartet auch gleich mit einer ganzen Seenplatte auf. Zwischen muhenden Kühen und moorigen Waldwegen wandert und schwimmt es sich grandios gelassen.

Hinter den Toren des Neuen Schlosses in Kißlegg gibt's prunkvolle Räume zu entdecken.

Wer zu den Seen von Kißlegg will, schultert im Teilort Immenried den Rucksack mit den Badesachen und marschiert schnurgeradeaus, immer dem Plätschern der Wolfegger Ach nach bis zum funkelnd blauen Holzmühleweiher. Sollte man gleich der ersten Versuchung nachgeben und hineinspringen? Unbedingt! Eine Liegewiese gibt's zwar nicht, aber die Sommersonne trocknet die kleinen Wassertröpfchen auf der Haut so schnell, dass die Tour schon bald weitergehen kann. Erst durch hohe Wiesen, dann durch den schattig-schönen Wald bis zum Langwuhrweiher. Die einzigen, die darin schwimmen dürfen, sind Fische. Also wird stattdessen der Proviant auf einer kleinen Holzbank am Ufer ausgepackt und die Aussicht auf die weißen Seerosenblüten genossen. Monet wäre garantiert neidisch auf diesen Ausblick gewesen.

Durch das grüne Blätterdach tanzen immer wieder Sonnenstrahlen und malen kleine Kunstwerke aus Licht und Schatten auf den Waldweg. Der führt jetzt vorbei am kleinen

Verschlungene Pfade und kleine Holzbrücken führen durch das schattige Burgermoos. Wer möchte, stärkt sich nach dem Spaziergang im Biergarten des nahegelegenen Burgermoos-Stüble.

Hasenweiher angenehm kühl durch den Wald bis zum letzten Gewässer entlang der knapp acht Kilometer langen Runde: dem Brunner Weiher. Wer die kleine Holzschaukel am Wegesrand findet, kann sich von dort wagemutig ins Moorwasser stürzen. Oder einfach gleich im Anschluss an die Tour zum Obersee fahren. Mit seinem chilligen Strandbad samt Kiosk und Volleyballfeld ist er der beliebteste Badesee in Kißlegg. Ist man mit dem eigenen Camping-Bus da, kann man sogar direkt am See einen Stellplatz für sich beanspruchen (mehr dazu unter www.kisslegg.de > Gäste > Planen & Buchen > Wohnmobilstellplatz) und von dort aus gemütlich in die Innenstadt spazieren. Prunkvoller Tipp: Ein Bummel durch den schönen Schlossgarten mit anschließendem Besichtigungs-Stopp im Neuen Schloss. Am Wochenende werden auch Führungen durch die barocken Räumlichkeiten angeboten (www.kisslegg.de > Gäste > Erleben & Entdecken > Ausflugsziele > Neues Schloss Kißlegg).

Beim Italiener um die Ecke (www.lapiazza-kisslegg.de) muss bei Pizza Rucola und Aperol Spritz dann noch eine wichtige Entscheidung

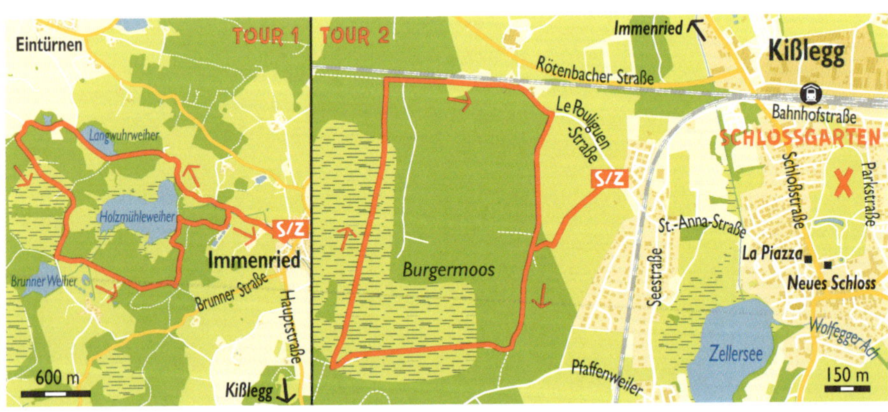

getroffen werden: Wohin soll's am nächsten Tag gehen? Mit dem Burgermoos und dem Arrisrieder Moos stehen gleich zwei Naturschönheiten zur Wahl. In beiden Naturschutzgebieten führen schmale Holzplanken federnd über die blühende Moorlandschaft hinweg.

Und für alle, die die Wunder der Westallgäuer Hügellandschaft gerne vom Sattel aus bestaunen möchten, empfiehlt sich ein Blick auf die 13 Touren der RadReiseRegion Naturschatzkammern (www.wuerttembergisches-allgaeu.info).

FAZIT: GENUSSWANDERN. GENUSSBADEN. GENUSSRADELN. IN UND UM KISSLEGG KANN MAN ES SICH SO RICHTIG GUT GEHEN LASSEN.

Hin & weg: Kißlegg liegt direkt an der Bahnstrecke Ulm–Aulendorf–Ravensburg–Friedrichshafen und ist sehr gut an den ÖPNV angeschlossen. Genaue Streckeninfos gibt's unter www.bodo.de

Beste Zeit: Für satten Badespaß im Sommer vorbeikommen. Die Stadt und die umliegende Natur geizen aber das ganze Jahr über nicht mit ihren Reizen.

Dauer & Strecke: Von 1 Nacht bis hin zu 1 Woche ist alles möglich. Genügend Attraktionen sind vorhanden. Etwa 2 Std. nimmt die einfache 7,6 km lange Wanderroute über die Seenplatte in Anspruch. Knapp 1 Std. dauert die 3,9 km lange Rundtour durchs Burgermoos.

Ausrüstung: Badesachen, Sonnencreme und feste Schuhe.

Wenn es Nacht wird: Nur 10 Autominuten von Kißlegg entfernt liegt das 200 Jahre alte Hofgut Farny (www.hofgut-farny.de) samt brandneuem Hotelanbau und uriger Brauereiwirtschaft. Wer nicht übernachten will, schaut in der Traditionsgaststätte vorbei, um im Biergarten am Selbstgebrauten zu nippen.

WELCOME to
TIMBERTOWN
POP: ABOUT 15 PEOPLE ELEV: 2132 FEET
ROUGHLY: 2 CATS
APPROXIMATELY: 2 DOGS

WILD IM WESTEN

… bei Sauldorf

#47

Galoppierende Pferde. Ein echter Saloon. Knisterndes Lagerfeuer. Ein Wochenende auf dem Tipihof sorgt nicht nur für Wild-West-Gefühle. Beim Bogenschießen, Durchstreifen der Wälder und Plantschen im See fühlt man sich auch ein bisschen in die unbeschwerte Zeit der eigenen Kindheit zurückversetzt.

#eineNachtimTipi #Lagerfeuerromantik #alleinunterdenSternen

Jippie, ab ins Tipi: Naturnah und gemütlich wird in den kleinen Zelten direkt am Waldrand übernachtet.

Hin & weg: Die Buslinie 7391 verkehrt mehrmals täglich zwischen Sigmaringen, Meßkirch und Sauldorf. Von April bis Oktober hält immer sonntags auch die Biberbahn in der Stadt. Der Ausflugszug verkehrt auf der historischen Strecke zwischen Bodensee und Donau. Zum Tipihof gelangt man am besten mit dem eigenen Auto.

Beste Zeit: Zwischen Juni und September.

Dauer & Strecke: 1 bis 2 Nächte. 2,5 Std. für die 10,2 km lange Wanderung rund um die Sauldorfer Seen einplanen.

Ausrüstung: Schlafsack, Kissen, Taschenlampe und Anti-Mücken-Spray.

Wenn es Nacht wird: Der Tipihof der Familie Bechtold liegt idyllisch etwas außerhalb von Sauldorf. Übernachten kann man dort entweder abenteuerlich im Tipi, klassisch im eigenen Zelt, solide im Holzhäuschen oder bodenständig in der Ferienwohnung für vier Personen (www.tipihof.de).

Der glühende Feuerball brennt unbarmherzig auf die Erde nieder. Die Schritte, die sich dem weißgetünchten Tor des kleinen Westerndorfs nähern, knirschen leise im Kies. Über den Hütten weht eine Südstaatenfahne träge im Wind, und ein paar neugierige Augen beobachten die Neuankömmlinge von der Veranda des Saloons aus. Fast erwartet man, gleich zu einem waschechten Duell herausgefordert zu werden. Doch stattdessen gibt's für Greenhorns auf dem Tipihof bei Sauldorf eine herzliche Begrüßung im rustikalen Office und dann die Wegbeschreibung zum gemieteten Tipi auf Zeit.

Die weißen Zelte liegen direkt am Waldrand. Drinnen steht spartanisch ein Bett mit Matratze. Draußen wartet das Abenteuer. Lasso werfen, Tomahawk schleudern, Bogenschießen, Anschleichen üben auf dem Sinnespfad, Ziegen

Hier geht's zu wie im Wilden Westen: Nicht nur das detailverliebte Gelände sorgt für Abenteuer-Feeling. Nahe des Tipihofs, im Oberen Donautal leben sogar Luchse und Geier in freier Wildbahn.

füttern oder gediegen Wild-West-Golfen – langweilig wird's auf dem Hof garantiert nicht. Falls doch, einfach dem Ruf der Wildnis folgen. Oder dem knapp zehn Kilometer langen Rundweg um die Sauldorfer Seen. Der Treck führt vorbei an wogenden Weizenfeldern, schattigen Wäldern und fünf ehemaligen Baggerseen. Howdy, ihr Zugvögel, Amphibien und schillernden Fischchen. Wer nach einem Schatz im silbrigen Wasser tauchen will, läuft noch eine halbe Stunde weiter bis zur Schwackenreuter Seenplatte, die sich direkt an die Sauldorfer Seen anschließt. Im Schwackenreuter Baggersee (der einzig zugelassenen Badestelle des Naturschutzgebiets) wird geplanscht bis sich die Sonne dem Horizont zuneigt. Zeit, die Pferde zu satteln und zurück zum Zeltlager zu gehen. Dort erzählt man sich abends am Lagerfeuer endlich mal wieder Geschichten von früher, versucht ein paar funkelnde Sternbilder zu erraten und starrt meditativ in die züngelnden Flammen. Wunderbar ungezwungen und rustikal-romantisch, so ein Tag im Wilden Westen.

Lust, noch ein bisschen länger zu bleiben? Ein tolles Ausflugsziel in der Nähe ist der Schwäbische Grand Canyon. Der Naturpark Obere Donau (www.naturpark-obere-donau.de) mit seinen tiefen Schluchten und beeindruckenden Kalkfelsformationen liegt knappe 18 Kilometer von Sauldorf entfernt. Tolle Wanderwege schlängeln sich durch die Natur.

FAZIT: NOSTALGISCHE AUSZEIT FÜR HOBBY-TRAPPER, TEILZEIT-COWGIRLS UND KARL-MAY-AFICIONADOS.

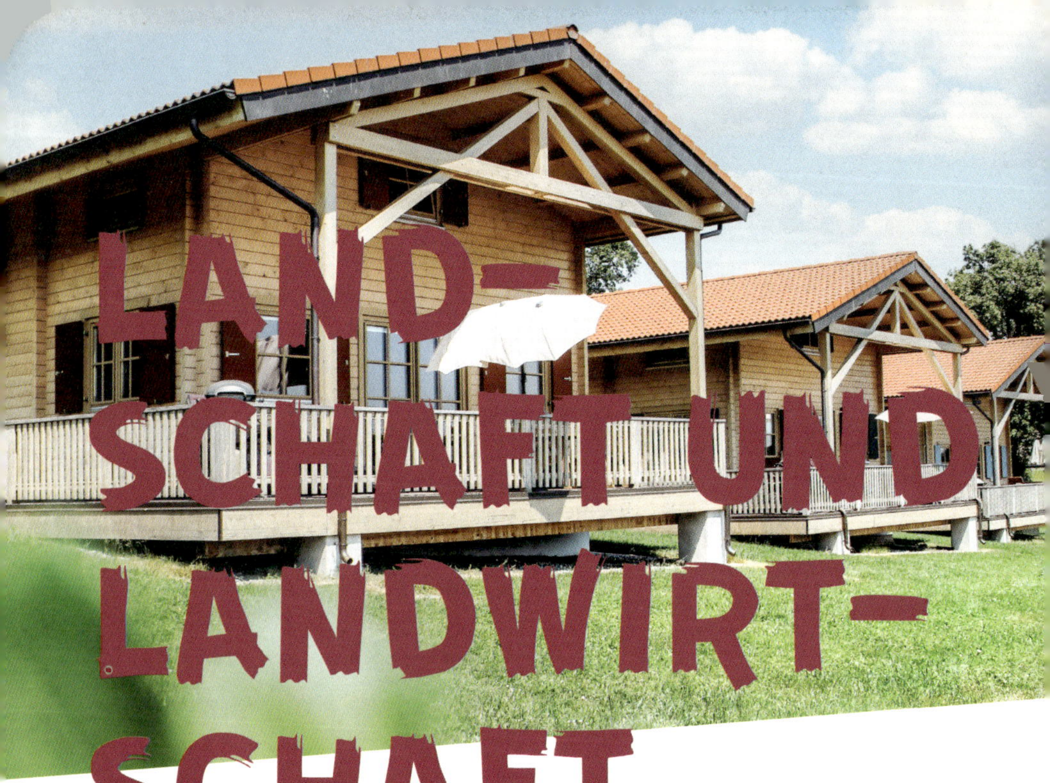

LAND-SCHAFT UND LANDWIRT-SCHAFT

… bei Mengen

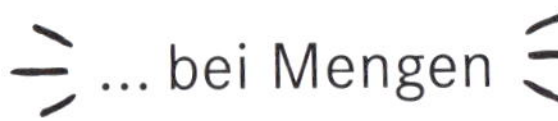

#48

Fachwerk, Felder und Familienbetrieb: In nächster Nähe zur alten Fuhrmannsstadt Mengen kann man sich auf dem Neher-Hof eine Auszeit auf dem Bauernhof gönnen. Zwischen knuddeligen Kälbchen, bildschönen Blumenwiesen und meckernden Ziegen wird man mit offenen Armen und Stalltüren empfangen.

#BlockhausBaby #Kätzchenknuddeln #BauernhofaufZeit #Ostrachtal

Flauschiges Begrüßungskomitee: Die tierischen Hofbewohner freuen sich über ausgiebige Streicheleinheiten von Feriengästen.

Gleich hinter dem Vorsicht-Kühe-Schild links abbiegen. Dann steht man auch schon mitten im kleinen Weiler Granheim und auf dem Ferienhof der Familie Neher. 100 Milchkühe leben hier. Und gerade einmal eine Hand voll Menschen. Für ein Wochenende kann man sich in die Nachbarschaft einmieten. Auf der Wiese hinter dem Hof stehen nämlich drei bildschöne Blockholzhäuschen mit sagenhaftem Blick aufs Ostrachtal.

Gleich nach der Ankunft geht's auf zu einem kleinen Streifzug über den Hof. Erst mal die Katze kraulen, die den Bauch gemütlich in die Sonne streckt, und dann ab in den großen Offenstall, in dem zwei Mal am Tag die Kühe von hochmodernen Robotern gemolken werden. Die Stalltüren stehen den Besucher:innen ebenso wie den Kühen offen: Milchbauer Martin Neher und seine Frau Maria halten neben der Arbeit gerne mal a Schwätzle mit den Gästen, um ihnen einen Einblick in die Landwirtschaft und tolle Ausflugstipps zu geben.

Wie wär's zum Beispiel mit einer Wanderung auf dem 14,4 Kilometer langen Bruder-Klaus-Rundweg, der direkt am Hof vorbeiführt? Wanderschuhe an und rein in den Burkardshauser Wald. Die nächsten anderthalb Stunden kann man jetzt einfach mal nur dem Ge-

sang der Vögel und dem Rascheln des Laubs unter den Füßen lauschen. Dann weist das Schild des dicken Fuhrmännleins den Weg durch die Wiesen des malerischen Schwarzentals bis zu den ersten Ausläufern der Stadt Mengen. Sobald man auf die Hauptstraße abbiegt, verlangsamen sich die Schritte ganz automatisch. Denn zu allen Seiten gibt es etwas zu bestaunen. Das Storchennest auf der Martinskirche, die bunten Fachwerkfassaden und die vielen kleinen Lädchen. Bei einem kurzen Zwischenstopp in der Hauptstraße 64 stockt man in der Bäckerei von Jörg Hagmann noch kurz Proviant für den Grillabend auf der Holzterrasse auf. Dann wieder raus aus der Stadt und rauf auf den Missionsbergturm, um sich in luftiger Höhe an der Aussicht übers Donautal und die sanften Hügel Oberschwabens zu erfreuen.

Auf der Sonnenseite des Lebens: Alle Holzhäuschen verfügen über eine ausladende Veranda, auf der man gerne mal Besuch von den Hofkatzen oder anderen flauschigen Bewohnern bekommt.

Wieder im Holzhäuschen angekommen, wird der Grill auf der großen Veranda angeschmissen und ein Plan für den nächsten Tag geschmiedet. Unbedingt auf die Agenda gehört ein Abstecher zur Sandgrube Ursendorf. Das Naturdenkmal liegt nur zwei Kilometer vom Neher-Hof entfernt, und noch heute wird hier teilweise Sand abgebaut. Viel spannender ist aber, dass man zwischen den meterhohen Sedimentschichten fossile Haifischzähne und Muscheln finden kann. Eine weitere schöne Idee: ein Ausflug zu den Zielfinger Seen).

FAZIT: MAL IN DIE GUMMISTIEFEL, MAL IN DIE WANDERSCHUHE SCHLÜPFEN UND ENTSPANNTE TAGE AUF DEM BAUERNHOF GENIEßEN.

Hin & weg: Nach Mengen kommt man ganz einfach mit dem Zug aus Ulm (IRE3), Aulendorf und Biberach (RB53). Zum Hof ist aber die Anfahrt mit dem Auto empfehlenswert.

Beste Zeit: Wenn die Tage kürzer und die Nächte länger werden, ist's besonders gemütlich im Blockhaus.

Dauer: Mindestens 2 Tage einplanen. Etwa 4,4 Std. braucht man für den 14,4 km langen Bruder-Klaus-Rundweg. Eine gute Übersicht aller Rad- und Wanderwege rund um Mengen bietet die Website der Stadt Mengen: www.mengen.de

Ausrüstung: Holzkohle, um abends den Grill auf der Terrasse anzuschmeißen.

Wenn es Nacht wird: Abendrot, Mittagssonne oder Morgentau? Die drei urgemütlichen Holzhäuschen stehen malerisch auf einer Wiese des Ferienhofs Neher (www.ferienhof-neher.de) mit Blick aufs Ostrachtal und bieten Platz für 2 bis 5 Personen.

ES KLAPPERN DIE MÜHLEN

... auf der Oberschwäbischen Mühlenstraße

Gepäck in den Kofferraum werfen. Den Motor anschmeißen. Und einfach mal drauflosfahren. Zu den schönsten Mühlen Oberschwabens. Bei einem Roadtrip entdeckt man mahlende Zeitzeugen, die noch heute Geschichten von harter Arbeit, großer Entbehrung, aber auch reichlich Wohlstand erzählen.

#historischeMühlen #AbenteueraufvierRädern #aufdenSpurenderMüller

Leidenschaft fürs Mehl: Die Herrenmühle ist der älteste Handwerksbetrieb in Aulendorf.

Die Oberschwäbische Mühlenstraße führt von Langenau bei Ulm bis ins Allgäu. Touristisch erschlossen ist die Route nicht. Man klappert am besten einfach seine eigenen Mühlen-Favoriten ab. Ein guter Startpunkt für die Tour ist die Ailinger Mühle im Schussenrieder Teilort Reichenbach. 1275 erstmals urkundlich erwähnt, stellen hier die Schwestern Evelyn und Silke Ailinger in fünfter (!) Generation mit ihren Mitarbeitenden Mehlspezialitäten und Spezialmischungen her. Im Mühlenladen deckt man sich erst mal mit ein paar Packungen des Ailinger Spätzlemehls und des Oberschwäbischen Seelenmehls ein. Im Kofferraum ist schließlich noch genügend Platz. Dann wird bei einer Führung die Mühle erkundet (www.ailinger-muehle.de).

Auf fünf Stockwerken begleitet man den Werdegang vom Korn zum Mehl. Dann setzt man sich wieder hinter das Lenkrad und braust über die weitschwingende Landstraße, erst zu einem Abstecher ins Museumsdorf Kürnbach (museumsdorf-kuernbach.de) und schließlich weiter bis nach Aulendorf. Dort rattert die Herrenmühle (www.herrenmuehle.de).

»Das Wandern ist des Müllers Lust«, aber ein Road-Trip hat auch seine Reize. Zum Beispiel, dass man immer wieder da anhalten kann, wo's einem am besten gefällt.

Im Gegensatz zu den meisten anderen Mühlen in der Region wird diese immer noch mit Wasserkraft betrieben. Und ist seit über 400 Jahren ununterbrochen in Betrieb. Das macht sie zu einer der drei letzten mahlenden Mühlen im Landkreis und zum ältesten Handwerksbetrieb der Stadt Aulendorf. Ein Mahnmal für das rapide Mühlensterben und gleichzeitig ein lebendiger Ort, in dem Theo Vogel mit seiner Familie das Traditionshandwerk am Leben hält und immer noch mehr als 70 unterschiedliche Mehlsorten mahlt. Viele davon können direkt im Mühlenladen gekauft werden.

Wer auf der Mühlenstraße unterwegs ist, muss natürlich auch in einer waschechten Mühle übernachten. Das Landhotel Alte Mühle in Ostrach liegt nur einen Steinwurf vom herrlichen Pfrunger-Burgweiler Ried entfernt (mehr dazu in Eskapade #22). Auch wenn sich das hölzerne Wasserrad neben der Gartenterrasse noch heute dreht, ist die eigentliche Mühle aus dem Jahr 1279 mittlerweile stillgelegt. Der Blick beim abendlichen Candle-Light-Dinner auf die geschichtsträchtigen Deckenbalken, die Glanzzeit und Verfall des Müllerhandwerks miterlebt haben, ist aber nach wie vor sehr beeindruckend.

Das fünfte Rad am Wagen: Viele Gegenstände an den Mühlen sind heute nur noch schmückendes Beiwerk. Die Herrenmühle wird zwar immer noch mit Wasserkraft, aber ohne Mühlrad angetrieben.

Der Tank ist noch nicht leer? Dann geht der Roadtrip am nächsten Morgen einfach weiter in Richtung Beuron. Dort stellt der superjunge und ambitionierte Ölmüller Paul Belthle – seinen Betrieb gründete er 2018 mit zwölf Jahren – köstliche Speiseöle her (www.dieoelfreunde.de). Nach einer Verkostung im Hofladen bricht man zu einer kleinen Wanderung zur Ruine Falkenstein auf. Von der Ölmühle braucht man etwa eine Stunde für den Hin- und Rückweg. Rauflaufen und spektakuläre Aussichten aufs Donautal genießen!

FAZIT: BEIM ROADTRIP ALTEINGESESSENES HANDWERK SUPPORTEN? BESSER KANN'S BEI EINER GENUSSREISE NICHT LAUFEN!

Hin & weg: Um die 100 verschiedene Mühlen können in Oberschwaben (zumindest von außen) besichtigt werden. Die Route für den Roadtrip kann dementsprechend flexibel angepasst werden. Einen super Überblick der wichtigsten Mühlen bietet die Seite www.muehlenstrasse-oberschwaben.de

Beste Zeit: Sobald man die Autofenster runterlassen und sich den warmen Fahrtwind um die Nase wehen lassen kann.

Dauer & Strecke: Am besten 2 Tage für die vorgeschlagene Route und diverse Mühlenstopps einplanen. Für den insgesamt 4 km langen Hin- und Rückweg zur Ruine Falkenstein am zweiten Tag sollte eine Std. Gehzeit eingeplant werden.

Ausrüstung: Ein voller Tank und eine Straßenkarte, falls die Technik versagt.

Wenn es Nacht wird: Besonders gemütlich und erholsam ist's im Landhotel Alte Mühle, vor allem dank des tollen Spa-Bereichs samt Sauna und Pool. Wer im Restaurant vorbeischauen möchte, sollte vorab reservieren (www.landhotelaltemuehle.de).

RAD-GENUSS IM ÜBERFLUSS

... auf dem Bäderradweg zwischen Bodensee und Allgäu

Auf 250 genussvollen Kilometern schlängelt sich der Bäderradweg von Überlingen durchs oberschwäbische Hügelland bis nach Bad Wörishofen im Allgäu. Wer sich in den Sattel schwingt, entdeckt unterwegs schicke Kurorte und große Naturschätze und kann die strammen Waden zur Belohnung in schwarzem Gold baden.

#EBikeserlaubt #Genusstour #sattelfest #MoorbadMagie

In der Innenstadt von Wangen darf das Rad eine Pause machen. Hier geht's zu Fuß weiter.

→ MINIURLAUB …

Erst mal die Fakten checken: Neun Kurorte. Sieben Thermalbäder. Fünf Tagesetappen. Zwei Reifen. Ein Vorhaben: In den nächsten Tagen gemütlich und genussvoll vom großen Bodensee ins großartige Allgäu radeln. Bevor es los geht, muss beim Radverleih Weidemann (www.fahrradshop24.com/verleih) am Startpunkt in Überlingen noch eine wichtige Entscheidung getroffen werden: lieber au naturel oder doch mit Elektroantrieb? Die Wahl fällt aufs E-Bike. Und schon geht's mit kräftigen Tritten, das leise Surren des Motors im Ohr, traumhaft schön am See entlang in Richtung Birnau. Weinberge zischen vorbei. Dann die schmucke Basilika. Bye, bye Salem, und schwupps ist man auch schon mittendrin im malerischen Deggenhausertal. Dass die Strecke mit 70 Kilometer die längste Episode der fünftägigen Pedal-Party ist, bemerkt man dank des abwechslungsreichen Unterhaltungspro-

gramms am Wegesrand gar nicht. Kurz absteigen, um im Naturschutzzentrum Wilhelmsdorf (www.pfrunger-burgweiler-ried.de) in die Erdgeschichte einzutauchen. Dann lockt das erste Etappenziel: Bad Saulgau. Das Fahrrad wird für die Nacht vor dem Romantik Hotel Kleber Post (www.kleberpost.de) geparkt.

Neuer Tag, neue Kurorte: Erst ab in den dichten Wald, dann durch Bad Buchau, Bad Schus-

Am Badstubengässle in Wangen liegt die frühere Badstube der Stadt, in der man noch heute die alten Kupferkessel und Waschzuber der ehemals öffentlichen Badeanstalt begutachten kann.

senried und Aulendorf. Halb Oberschwaben in gerade einmal drei Stunden Fahrzeit entdecken? Check! Abends wird bei einem waschechten Rittermahl die Fahrradkette gegen ein Kettenhemd eingetauscht. Nach bestandener Giftprobe geht's ab in die Kemenate im Hotel Arthus (www.ritterkeller.de/hotel-arthus).

Wer bislang alle Thermen links liegen gelassen hat, kommt am nächsten Tag nicht um die Badebuxe herum. Aber erst müssen die Muskeln ein bisschen für die anschließende Belohnung arbeiten. Auf dem hügeligen Weg nach Bad Waldsee gilt es, einige Höhenmeter zu überwinden. Schummeln ist aber erlaubt. Mofa-Modus aktivieren, und schon weht einem der Fahrtwind wieder um die Nase. Am friedvollen Metzisweiler Weiher schaut man noch ein bisschen den Enten beim Gründeln zu, bevor man schließlich in Bad Wurzach vom Sattel steigt und im Feelmoor Gesundresort (www.feelmoor.de) in ein 42 Grad warmes Moorbad gleitet. Entspannung pur!

An der Iller, die während der nächsten Tagesetappe erreicht wird, endet zwar die Region Oberschwaben, aber nicht der Bäderradweg. Dieser führt ab diesem Punkt noch etwa 70 Kilometer weiter bis nach Bad Wörishofen im Allgäu.

FAZIT: RADELN. BADEN. RADELN. BADEN. DIE PERFEKTE SYMBIOSE AUS BEWEGUNG UND ENTSPANNUNG.

Hin & weg: Los geht die Tour in Überlingen. Dorthin kommt man ganz einfach mit dem Zug. Zum Beispiel mit dem RE5 und dem RB31 von Ulm aus. Vom Endpunkt Bad Wörishofen geht's nach einem Umstieg in Memmingen ebenfalls zurück nach Ulm.

Beste Zeit: Frühling bis Herbst.

Dauer & Strecke: Der 251 km lange Weg vom Bodensee ins Allgäu kann in 5 Tagesetappen aufgeteilt werden. Im Text werden die Etappen 1 (70,7 km und ca. 5 Std. Fahrzeit), 2 (35,4 km und 2,5 Std. Fahrzeit) und 3 (49,6 km und 3,5 Std. Fahrzeit) erwähnt. Genaue Infos zu den einzelnen Streckenabschnitten findet man unter www.schwaebische-baederstrasse.de

Ausrüstung: Saunatuch und Badesachen in die Satteltaschen packen.

Wenn es Nacht wird: Entlang der gesamten Strecke des Radwegs stehen zahlreiche Unterkünfte für große und kleine Geldbeutel zur Verfügung. Eine kuratierte Auswahl findet man unter www.schwaebische-baederstrasse.de

SCHÄFCHEN UND STERNE ZÄHLEN

… auf dem Samhof bei Wolfegg

#51

Zugegeben: Schafe gibt's auf dem Samhof gar keine. Dafür Esel, Hühner und Enten. Und eine fantastische Naturlandschaft direkt vor der Türe der drei kleinen Schäferkarren, die hier idyllisch über dem Achtal thronen. Vorbeikommen, um Wasserfälle, Weitblicke und historische Bauernhöfe zu erkunden.

#einEselkommtseltenallein #Haus&Hof #Schwabenkinder #BieramBach

Besser als jeder Wachhund: Hausgänse sind lebendige Alarmanlagen und jagen seit Jahrhunderten unerwünschte Gäste mit lautem Schnattern vom Hof. Im Bauernhofmuseum haben sie sich an Besucher gewöhnt.

Wow, diese Aussicht ist der Wahnsinn! Erhaben über dem Achtal stehen drei kleine Schäferwagen im Obstgarten des Samhofs. Sobald die Holztüren der Häuschen auf Rädern aufschwingen, erblickt man das grüne Tal, die prächtige Silhouette des Wolfegger Schlosses gegenüber und drei Esel, die geduldig den ganzen Hang abgrasen. Ein paar Enten watscheln vorbei. Es ist die pure Idylle. Also erst mal den Klappstuhl aufstellen. Die

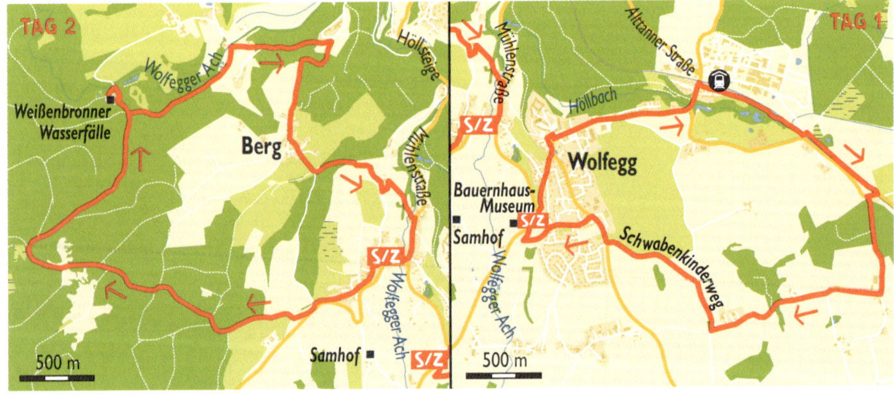

Füße hochlegen. Und den Ausblick genießen. Was man heute noch unternehmen kann? Die Antwort von Gastgeberin Christine Speidler kommt prompt: »Rauf auf die Süh. Der Weg ist nicht weit, die Aussicht dafür fantastisch.« Im Hofladen werden noch ein paar Snacks in den Rucksack gepackt. Dann geht's ein kurzes Stück an der Straße entlang und über saftige Wiesen hinweg rauf auf den 725 Meter hoch gelegenen Aussichtspunkt. Man blickt auf tuckernde Traktoren, Kühe mit klingelnden Glocken und in die Weiten des lieblichen Schussentals hinein. Na, wer entdeckt den Bussen, den heiligen Berg Oberschwabens, zuerst?

Nur knappe zehn Gehminuten vom Hof entfernt, gleich auf der anderen Seite des Tals, liegt das Bauernhaus-Museum Wolfegg (www.bauernhausmuseum-wolfegg.de). Ein Spaziergang durch die bis zu 600 Jahre alten Gehöfte, deren Zimmer so lebendig eingerichtet sind, als wären die Besitzer nur mal eben zur Heuernte aufs Feld gegangen, ist wirklich beeindruckend. Besonders sehenswert ist auch die Dauerausstellung über das entbehrungsreiche Leben der Schwabenkinder. Ein sieben Kilometer langer Rundweg führt vom Bahnhof in Wolfegg am Museum sowie an außerhalb liegenden Höfen vorbei, in denen 1882 und 1883 Kinder aus der Schweiz als Saisonkräfte arbeiten mussten, um ihre verarmten Familien zu unterstützen. Tausende Kinder aus der Alpenregion nahmen bis ins frühe 20. Jahrhundert jedes Frühjahr den harten Weg über die verschneiten Berge auf sich, um in Oberschwaben als billige Arbeitskräfte in der Landwirtschaft zu helfen. Ein dunkles Kapitel der Region.

Am nächsten Morgen hängt der Nebel noch im Tal. Also erst mal zum ausgiebigen Frühstück in den Hofladen stapfen. Dann startet die neun Kilometer lange Wanderung zu den Weißenbronner Wasserfällen. Erst recht sportlich aufwärts durch den dichten Wald, dann locker schlendernd bergab an einem kleinen Seitenarm der Wolfegger Ach entlang bis zur rauschenden Sehenswürdigkeit: Mal in kleinen Rinnsalen, mal in tosenden Mengen sucht sich das Wasser seinen Weg über die moosbewachsenen Tuffsteinkaskaden hinweg. Ein bisschen wie im Märchenwald. Genauso fantastisch: die Kästen voll Bier und Apfelschorle, die ein paar Meter weiter bachabwärts in den Fluten stehen. Ein paar Münzen ins Vertrauenskässchen werfen und die unerwartete Erfrischung in vollen Zügen genießen.

FAZIT: IN WOLFEGG WIRD'S NICHT LANGWEILIG – TOLLE NATURERLEBNISSE UND SPANNENDE GESCHICHTE(N) SORGEN FÜR UNTERHALTSAME TAGE.

Hin & weg: Erst mit dem IRE3 von Ulm bis Aulendorf und dann weiter mit dem RB53 bis zum Bahnhof in Wolfegg. Von dort kann man in 30 Min. gemütlich zum Samhof laufen. Für den eigenen PKW stehen am Hof auch Parkplätze zur Verfügung.

Beste Zeit: Bei gutem Wetter von Frühling bis Herbst.

Dauer: 2 Tage für kleine und größere Erkundungstouren rund um den Hof. Knapp 2 Std. für den 7,3 km langen Schwabenkinderweg am ersten Tag und etwa 2 Std. 45 für die 9,1 km lange Rundwanderung zu den Weißenbronner Wasserfällen am zweiten Tag einplanen.

Ausrüstung: Das Lieblingskissen von daheim und eine extra Decke für kalte Nächte. Kleingeld für's Bier am Bach nicht vergessen.

Wenn es Nacht wird: Wer eine Nacht im Schäferkarren verbringen will, muss schnell sein. Die drei kuscheligen Schlafmöglichkeiten sind im Handumdrehen ausgebucht. Also zack zack nach der nächsten freien Terminlücke fragen: www.samhof.de

---

HIMMLISCHE AUSZEIT

... im Kloster Sießen

#52

Unweit von Bad Saulgau kann man die oft rasende Zeit für eine Weile verlangsamen. Im Kloster der Franziskanerinnen von Sießen klinkt man sich gedanklich ein paar Tage aus dem Alltag aus, denkt über den eigenen Glauben und den Sinn des Lebens nach. Und bekommt einen Einblick in die bunte Welt der Ordensschwestern.

#Ruhefinden #einfachgöttlich #Kraftort #freundlicheFranziskanerinnen

Beruhigendes Flackern: In der kleinen Kerzenkapelle herrscht eine ganz besondere Stimmung.

Egal ob man näher zu sich selbst oder näher zum Glauben finden möchte: Im Kloster Sießen ist jede und jeder willkommen, der eine Verschnaufpause vom Alltag braucht. Hinter den jahrhundertealten Mauern verliert die schnelle Welt draußen ein bisschen von ihrem schwindelig machenden Schwung. Und trotzdem ist alles in Bewegung. Allen voran die knapp 70 fleißigen Franziskanerinnen, die im Konvent leben und arbeiten. Interessierten bieten sie das Kloster auf Zeit oder auch einfach einen Urlaub im Konvent an. Für einen bestimmten Zeitraum wohnt man im Gästehaus, kann an Workshops und Exerzitien teilnehmen, Stille in der Natur finden, oder, je nach Laune, den Schwestern bei ihren Aufgaben über die Schulter schauen und tatkräftig mit anpacken.

Schon beim ersten Spaziergang über den von stolzen Barockgebäuden gesäumten Hof fällt auf: Die Damen des Hauses sind überaus

Der Granatapfel gilt in der Bibel als Symbol für das Leben und die Auferstehung. Ganz weltliche Genüsse gibt's hingegen im Klostercafé in Form von leckerem Kuchen.

freundlich, haben immer ein Lächeln und ein herzliches »Grüß Gott« auf den Lippen. Sofort fühlt man sich auf dem weitläufigen Gelände, das seit 1860 von den Franziskanerinnen genutzt wird, geborgen und zu Hause. Mit einem guten Buch und einer Decke über den Knien sitzt man eine Weile im Klostercafé, knabbert am hausgemachten Hefezopf, der dick mit Klostergsälz bestrichen ist, und schaut zu, wie nach und nach die ersten Tagesgäste durchs Eingangstor hereintröpfeln. Dann wird der weitläufige Franziskusgarten erkundet. Granatapfelbäume, heilende Kräuter und alte Obstsorten wachsen hier. Unter dem Steg des Teichs tummelt sich Fische. Im Bienenhaus brummen die Insekten. Ein Ort zum Verweilen und um Gottes Schöpfung nahe zu sein.

In der kleinen Kapelle im Wald kann man eine Weile seinen Gedanken nachhängen, eine Kerze anzünden und sich in Dankbarkeit üben. Dankbarkeit für all das Schöne, das einen umgibt. Dankbarkeit dafür, am Leben zu sein.

Von außen recht unscheinbar, von innen prunkvoll barock, bietet die Klosterkirche St. Markus ebenfalls eine Anlaufstelle für andächtige Einkehr. Aber auch für spannende Entdeckungen: zum Beispiel in den beiden Seitenaltären, in denen zwei Zeugen der geschichtsträchtigen Klostervergangenheit in gläsernen Särgen ruhen. Die Ganzkörperreliquien des Heiligen Clemens und der Heiligen Columba wurden dem Kloster im 18. Jahrhundert geschenkt. Ganz im Sinne des im Barock weit verbreiteten Vanitas-Gedankens, zeigen die knöchernen Überreste der verstorbenen Märtyrer die Vergänglichkeit des irdischen Lebens auf.

Hin & weg: Mit dem Zug geht's bis nach Bad Saulgau. Von dort mit der Buslinie 415 bis zur Haltestelle Sießen Dominikus-Zimmermann-Straße. Am Wochenende und an Feiertagen fährt leider kein Bus. Der 3,5 km lange Fußweg von der Stadt zum Kloster ist in 30 Min. zu schaffen.

Beste Zeit: Das ganze Jahr über.

Dauer: Vom Wochenende bis zur wochenlangen Auszeit ist alles möglich.

Ausrüstung: Das Handy einfach mal zu Hause lassen und für ein paar Tage digital detoxen.

Wenn es Nacht wird: Schlicht und einfach, sauber und aufs Wesentliche reduziert. Im Kloster stehen Einzel- und Doppelzimmer inklusive eigenem Bad zur Verfügung. Gebucht werden diese über das Anmeldeformular auf der Homepage: www.kloster-siessen.de

---

Wer noch mehr über das Kloster und seine Geschichte erfahren möchte, kann auf Anfrage an einer Führung der Schwestern durch die barocken Räumlichkeiten teilnehmen und danach einen Stopp im Hummel-Saal einlegen. Dort werden die weltberühmten Kinderdarstellungen, Aquarelle, Bleistiftzeichnungen und Porträts der künstlerisch hochbegabten Ordensschwester Maria Innocentia Hummel (1909–1946) in einer eigenen kleinen Galerie ausgestellt.

FAZIT: FRAGEN STELLEN, ANTWORTEN SUCHEN, RUHE FINDEN – IM KLOSTER KANN MAN SICH VIEL ZEIT FÜR SICH SELBST NEHMEN.

SONST NOCH WICHTIG

Ein- und Überblick

Karten für den schnellen Überblick, praktische Tipps, mehr über die Autorin sowie ein Ortsregister zum schnellen Nachschlagen gibt es auf den folgenden Seiten.

GPX-Download aufs Smartphone – so geht's

Voraussetzung:
Eine Outdoor-App muss installiert sein, z. B. KOMPASS, Outdooractive oder Komoot. Zum Einlesen des QR-Codes benötigen ältere Android-Geräte eine QR-Code-App. Bei neueren Android- und iOS-Geräten ist diese Funktion in der Kamera integriert.

Daten downloaden:
1. Den QR-Code einlesen oder die Webadresse im Browser eingeben, um auf die Eskapaden-Website zu gelangen.
2. Die gewünschte Tour zum Download anklicken.
3. Bei IOS-Geräten werden die GPX-Daten direkt mit der vorab installierten App verknüpft. Bei Android-Geräten muss ggf. noch ein Weiterleiten-Button geklickt werden (z. B. oben rechts im Display). Manche Apps zeigen den Tourverlauf starr an, andere haben eine Navigationsfunktion dabei.

Tourenverlauf

GPX-Daten zum kostenlosen Download
www.dumontreise.de/eskapaden/oberschwaben

short.travel/wj24r

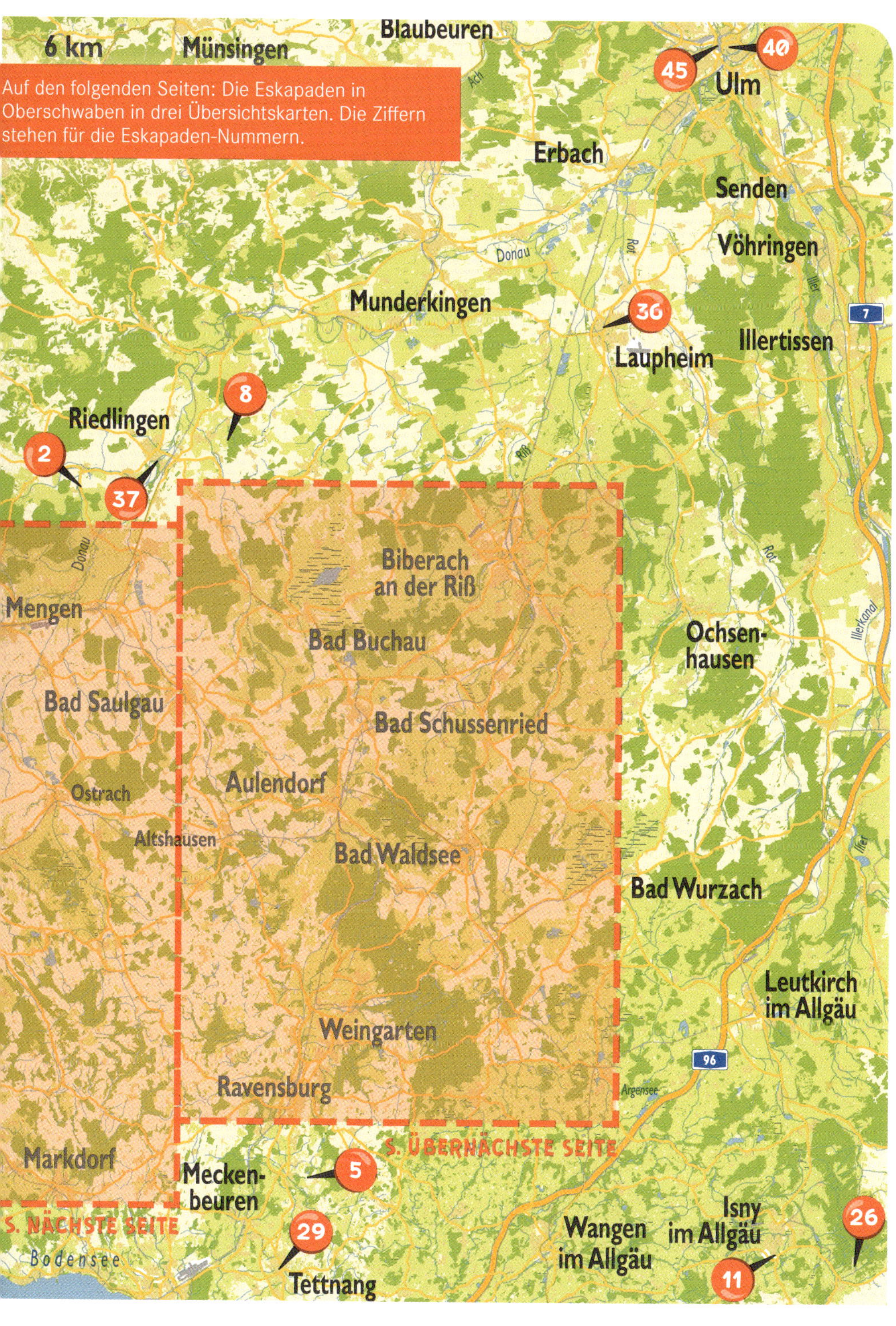

Auf den folgenden Seiten: Die Eskapaden in Oberschwaben in drei Übersichtskarten. Die Ziffern stehen für die Eskapaden-Nummern.

Sigmaringen
Gutenstein
Donau
Binzwangen
Ertingen
Herbertingen
Mengen
Hohen-
tengen
Rulfingen
Krauchen-
wies
Ablacher Seen
Bad Saulgau
Meßkirch
Sauldorf
Ostrach
Königseggsee
Pfullen-
dorf
Pfrunger-
Burgweiler
Ried
Denkingen
Ruschweiler See
Illmensee
Heiligen-
berg
Sipplingen
Limpach
Witten-
hofen
Salem
Überlingen
Überlinger See
BODEN-
SEE
Oberuhldingen
Bermatingen
Litzelstetten
Mainau
Meersburg
Mark-
dorf
Konstanz
5 km

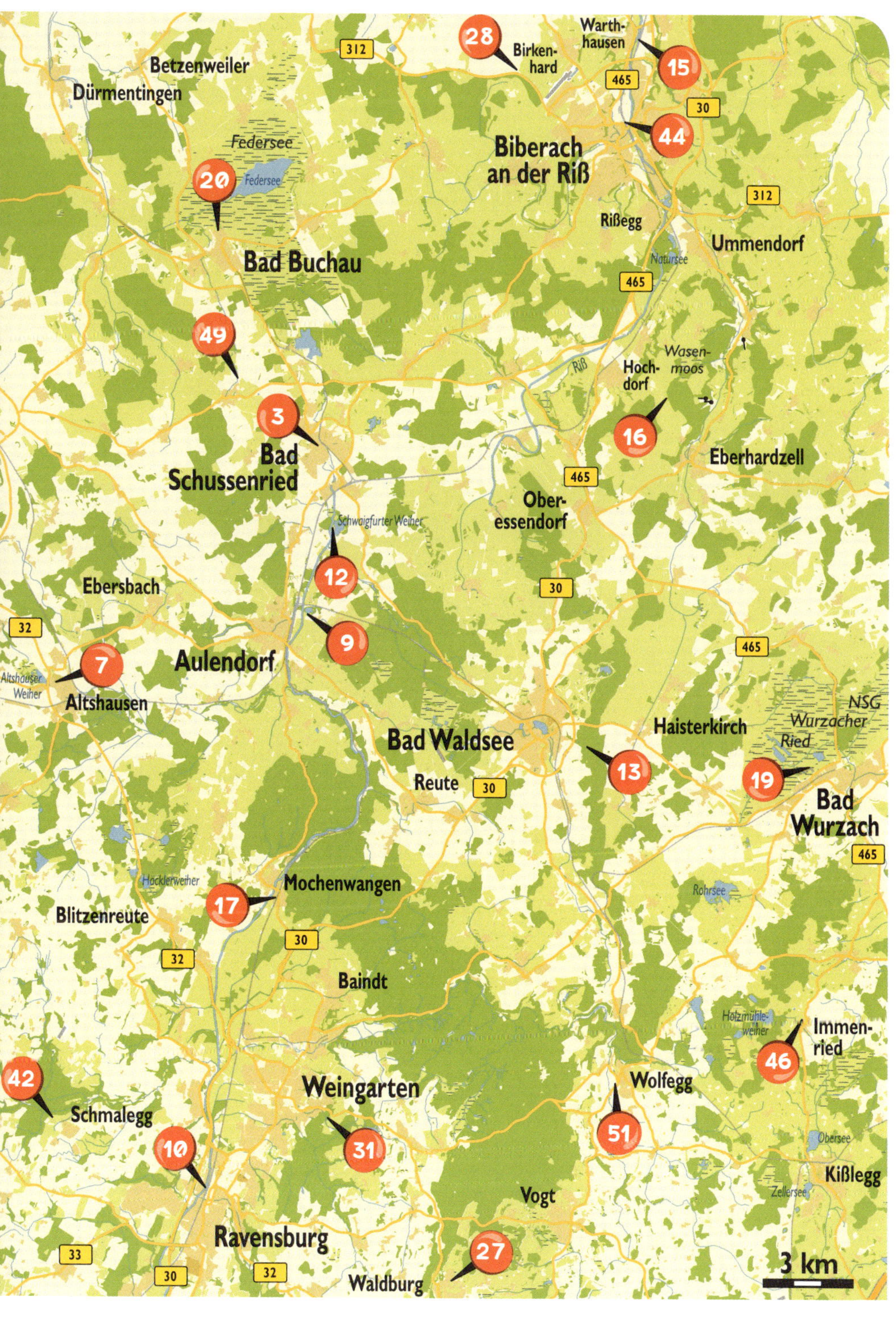

Betzenweiler
Dürmentingen
312
28
Birken-
hard
Warth-
hausen
15
465
30
44
Federsee
20
Federsee
Biberach
an der Riß
312
Rißegg
Ummendorf
Bad Buchau
Natursee
465
49
Wasen-
moos
Hoch-
dorf
Riß
3
16
Bad
Schussenried
Eberhardzell
465
Ober-
essendorf
Schwaigfurter Weiher
12
Ebersbach
30
32
9
7
Aulendorf
465
Altshauser
Weiher
Altshausen
NSG
Wurzacher
Ried
Haisterkirch
Bad Waldsee
13
19
Reute
30
Bad
Wurzach
465
Häcklerweiher
Mochenwangen
Rohrsee
17
Blitzenreute
30
32
Baindt
Holzmühle-
weiher
Immen-
ried
46
42
Wolfegg
Weingarten
Schmalegg
51
10
31
Obersee
Kißlegg
Zellersee
Vogt
Ravensburg
27
33
30
32
Waldburg
3 km

NOCH MEHR ESKAPADEN …

ISBN 978-3-616-11012-7

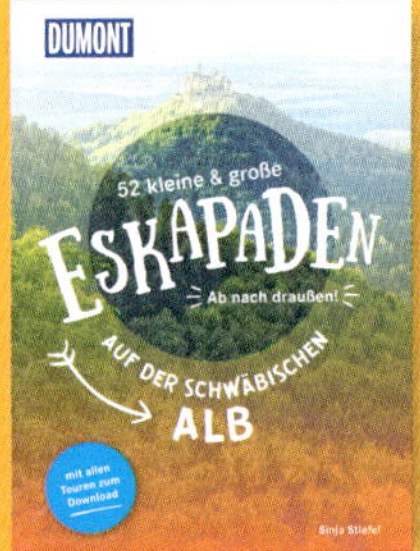

ISBN 978-3-7701-8077-6

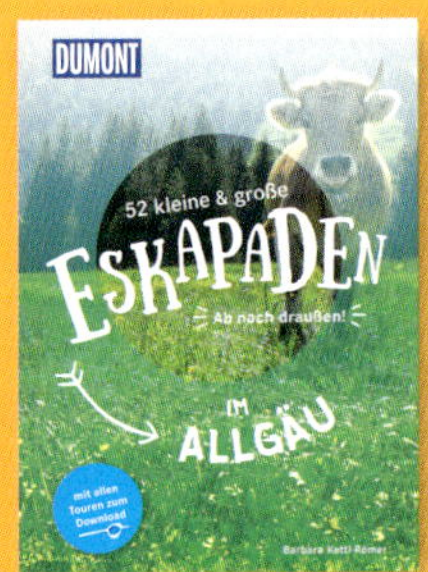

ISBN 978-3-616-11006-6

… erhalten Sie im gut sortierten Buchhandel
und unter www.dumontreise.de

IMPRESSUM

Reihenkonzept Monique Sorban

Projektmanagement Tamara Siedler

Cover-/Buchgestaltung & Illustrationen Carolin Weidemann, Köln, www.weidemann-design.com

Umschlaggestaltung, Lektorat & Produktion Verlagsbüro Wais & Partner (Meike Diekmann, Bea König, Julia Rietsch), Stuttgart, www.wais-und-partner.de

Text & Fotos Sinja Stiefel, Stuttgart; mit folgenden Ausnahmen: Valentin Müller/Echt Bodensee (S. 11, 13); Gut Hügle (S. 29 o. r.); Tourismusgemeinschaft Gehrenberg-Bodensee e. V. (S. 81); Jost Einstein/Nabu (S. 86); Gemeinde Heiligenberg (S. 94 l.); Donautal Kanuverleih (S. 106); Hopfengut No. 20 (S. 124 r., 126); Biolandhof Bodensee (S. 174–177); mauritius images/Bruno Kickner (S. 197)

Kartografie © KOMPASS, Innsbruck, unter Verwendung von Kartendaten von © OpenStreetMap-Mitwirkende, Lizenz CC-BY-SA 2.0

Hinweis Alle Informationen wurden mit größtmöglicher Sorgfalt geprüft. Infolge der Corona-Pandemie kann es allerdings zu kurzfristigen Geschäftsschließungen und anderen Änderungen vor Ort gekommen sein.

Printed in Poland

1. Auflage 2024

ISBN 978-3-616-02800-2

www.dumontreise.de

Weiterlesen

Für Fahrrad-Fans lohnt sich ein Blick ins Buch »Radtouren Oberschwaben und Allgäu« von Eva Eckstein, die wunderschöne Lieblingsrouten auf dem Zweirad zusammengestellt hat. Gute Ausflugstipps liefert auch das jährlich erscheinende »Oberschwaben Magazin«, samt kostenloser Panorama- und Straßenkarte.

Geschmacks-sachen

Wochenmärkte sind in Oberschwaben eine Institution. Besonders lohnt sich samstagmorgens der Bummel durch die Stände in der Ravensburger Altstadt und mittwochvormittags ein Besuch in Wangen. Oberschwäbische Spezialitäten kauft man rund um die Uhr unter www.lecker-vom-land.de

GUT ZU WISSEN …

Ohne Auto

Eine der wichtigsten Bahn-Linien der Region ist die RB 91, die täglich, einmal pro Stunde, zwischen Aulendorf und Friedrichshafen und von Montag bis Freitag auch bis nach Ravensburg verkehrt. Von Mai bis Oktober bringen Räuber- und Moorbahn (www.raeuberbahn.de/www.moorbahn.eu) ihre Gäste zu den Highlights der Region. Toller Service: Die Fahrradmitnahme ist kostenlos. Alle Bus- und Bahnverbindungen in Oberschwaben findet man unter www.bodo.de

Sicherheit & Notfälle

Vorsicht beim Baden in nicht überwachten Weihern und Seen! In Notfällen erreicht man Rettungsdienst und Feuerwehr über die internationale Notrufnummer 112.

Vor Ort im Netz

Insiderwissen über die Region gibt's auf www.oberschwaben-tipps.de und auf der offiziellen Seite von www.oberschwaben-tourismus.de. Praktisch hier: die umfangreiche Liste an Wohnmobilstellplätzen.

ESKAPADEN-REGISTER ...

Alle Orte mit Seitenverweisen

SINJA STIEFEL

... über die Autorin

Einige Orte Oberschwabens waren Sinja als Stuttgarterin schon vor ihren Recherche-Trips geläufig, doch bei der Suche nach Ausflugsschätzchen verguckte sie sich nochmal ganz neu in die einzigartige Region. Lieblingsmoor: Das Pfrunger-Burgweiler Ried. Lieblingsweiher: Der Steeger See. Lieblingsmoment: Ein Sonnenaufgang am Federsee.

Wenn Sinja nicht gerade durch die nahe oder weite Welt flitzt, findet man sie mit ihrer Hündin Paula draußen im Wald – auf der Suche nach den kleinen Glücksmomenten des Alltags. Ihre schönsten Reiseschnappschüsse und Geschichten landen regelmäßig in Magazinen und Büchern. Zum Beispiel in den »52 Eskapaden auf der Schwäbischen Alb«, die bereits in dieser Reihe erschienen sind.

Stiller wird's nicht

Eskapade #3: Zwitschernde Vögel, rauschende Blätter, plätschernde Quelle – der Schussenursprung bei Bad Schussenried ist ein kleiner Kraftort mit großer Wirkung. Eine Naturtankstelle für innere Ruhe und neue Energie.

Den Überblick behalten

Eskapade #8: Hauptstadt, Handelsstadt und Türme satt: Am wunderschönen Ravensburg kommt keiner vorbei. Fabelhafte Weitblicke und unvergessliche Sonnenuntergänge gibt's an der Veitsburg.

5 BESONDERE EMPFEHLUNGEN ...

Tritt für Tritt

Eskapade #50: Für die ganzen 250 Kilometer des Bäderradwegs muss man sattelfest sein – oder sich einfach die Lieblingsetappe rauspicken. Liebliche Landschaften und entspannende Moorbäder genießt man gemütlich zwischen Überlingen und Bad Wurzach.

Rein ins Ried

Eskapade #22: Auf federnden Holzbohlenwegen läuft's sich bequem durch das zweitgrößte Moorgebiet Südwestdeutschlands – das Pfrunger-Burgweiler Ried. Menschen trifft man hier selten, dafür sichtet man Ried-Rinder, flinke Fröschchen und bauende Biber. Ein absolutes Muss.

Tour de Oberschwaben

Eskapade #45: Ulm und Biberach, Meckenbeuren, Durlesbach ... Auf den Spuren der berüchtigten Schwäbischen Eisenbahn geht's mit dem Zug einmal mitten durchs Herz der Region. An jeder Haltestelle wartet ein kleines Stadt-Juwel. Alles einsteigen, bitte!